中国特色社会主义建设的理论探索

主　编　徐世甫
副主编　徐俊峰　杨　华

上海大学出版社
·上海·

图书在版编目(CIP)数据

中国特色社会主义建设的理论探索 / 徐世甫主编.
—上海:上海大学出版社,2020.12(2021.12重印)
ISBN 978-7-5671-4095-0

Ⅰ.①中… Ⅱ.①徐… Ⅲ.①中国特色社会主义—社会主义建设模式—研究 Ⅳ.①D616

中国版本图书馆CIP数据核字(2020)第248322号

责任编辑　徐雁华
封面设计　缪炎栩
技术编辑　金　鑫　钱宇坤

中国特色社会主义建设的理论探索

主编　徐世甫
副主编　徐俊峰　杨　华
上海大学出版社出版发行
(上海市上大路99号　邮政编码200444)
(http://www.shupress.cn 发行热线021-66135112)
出版人　戴骏豪

*

南京展望文化发展有限公司排版
江苏凤凰数码印务有限公司印刷　各地新华书店经销
开本 787mm×1092mm　1/16　印张 13.25　字数 190千
2020年12月第1版　2021年12月第2次印刷
ISBN 978-7-5671-4095-0/D·230　定价　52.00元

版权所有　侵权必究
如发现本书有印装质量问题请与印刷厂质量科联系
联系电话: 025-57718474

目 录

上 篇

论中国特色社会主义道路是实现中国梦的唯一路径 …… 李 勇（1）

习近平"人民中心"思维取向研究 ……………………… 张森年（16）

习近平关于经济全球化重要论述的三重逻辑 …………… 刘会强（27）

习近平生态安全观解读 …………………………………… 张光紫（46）

习近平关于农民主体性的重要论述和新时代乡村振兴的
　　实践与思考 …………………………………………… 梁 莹（60）

试论习近平时代新人观的辩证思维特质 ………………… 杨 悬（73）

新时代解决意识形态安全问题的五大路径 ……………… 徐世甫（83）

新时代中国特色社会主义生态文明建设理论探析
　　……………………………………………… 陈 宝　张晗琦（98）

新时代消费文化与文化自信建设 ………………………… 方 妮（111）

新时代中国共产党党内学习制度建设初探 ……………… 陈婉莹（121）

下 篇

马克思主义哲学视域下人类命运共同体思想解析 ……… 李望根（135）

意识形态安全视域中的"联动"与"变异"现象辩微 …… 徐俊峰（146）

从青少年心理特征看我国网络意识形态安全建设 ……… 朱杨秀 (155)
论消费主义思潮对大学生消费观的消极影响及对策 …… 陈慧博 (167)
《老子》的生态智慧及其现代价值 ………………… 涂立贤 (176)
新时代大学生法治观教育的困境与对策研究——以"思想
　道德修养与法律基础"课贯彻"三进"为视角 ………… 刘旭光 (185)
互联网思维视域下高校思政课教学探索与创新 ………… 李先悦 (195)

后记 ……………………………………………………………… (205)

论中国特色社会主义道路是实现中国梦的唯一路径

李 勇

【摘要】 中国梦是我们对于从传统走向现代的中国的美好未来的构思。在充分认识道路问题的深远性、全局性和根本性的基础上,结合时空的对比,我们便能清楚地领会建设富强、民主、文明、和谐的社会主义现代化国家,对于实现中华民族伟大复兴的中国梦的巨大意义,这也更加坚定了我们坚持中国特色社会主义道路的决心和信念。

【关键词】 中国梦;中国特色社会主义;社会主义现代化

【作者简介】 李勇(1981—),法学博士,上海政法学院讲师。主要研究方向:马克思主义中国化、经济哲学。

2013年,在国家语言资源检测与研究中心、商务印书馆、中国网络电视台等机构发起的年度汉字评选中,"梦"字领居榜首,成为中国的年度汉字。与此联系最紧密的是"中国梦"。党的十八大闭幕后不久,习近平总书记在参观国家博物馆《复兴之路》展览时,深情阐述了"中国梦"的深刻内涵①。他在十二届全国人大一次会议的讲话中,对中国梦的科学内涵和实

---

① 《习近平总书记深情阐述"中国梦"》,《人民日报》,2012年11月30日。

现路径等进行了阐述。中国梦是中华民族的复兴之梦,是近代以来中华民族的最伟大梦想①。为中国梦而奋斗成为凝聚中华儿女精神力量的不懈动力。中国梦是党和人民立足中国国情、承接中国历史、塑造中国未来的伟大思想建构。我们从历史和现实的比较中确立了中国特色社会主义道路,并沿着这一条道路去最终实现伟大的中国梦。"从贫穷落后到繁荣昌盛,从山河破碎到强大统一,正是在中国共产党的领导下,中华儿女书写了一幅波澜壮阔的复兴画卷,向世界交出了一份优秀的'中国答卷'。"②中国梦的建构是中国百年救亡图强奋斗史的必然延伸,是马克思主义人文精神、实践精神和科学精神的具体体现与内在要求,也为我们突出其中的主体意识、内涵意识、布局意识和世界眼光作了逻辑铺垫。

党的十八大报告指出:"道路关乎党的命脉,关乎国家前途、民族命运、人民幸福。在中国这样一个经济文化十分落后的国家探索民族复兴道路,是极为艰巨的任务。"③这段话有力地揭示了道路抉择的重大意义。我们是历史和逻辑的统一论者,从道路抉择的历史回顾中,我们可以捕捉到历史内含的不可抗拒的逻辑。"历史从哪里开始,思想进程也应当从哪里开始。"④中国人民在追寻自身独立解放和发展的千辛万苦中选择了马克思主义,马克思主义也以其人文性、实践性和科学性的品格逐步将中国梦从理想变为现实。

一、中国梦:历史与现实比较中的必然选择

中华民族在谋求自身解放,中国共产党人在领导中国人民争取自由幸福的伟大历程中,经过新民主主义革命向社会主义革命的转换,并最终走上社会主义道路,尤其是经过改革开放和社会主义现代化的生动实践,反

---

① 《习近平在第十二届全国人民代表大会第一次会议上的讲话》,《人民日报》,2013年3月18日。
② 宋维强:《实现民族复兴的"中国梦"》,《光明日报》,2013年2月4日。
③ 胡锦涛:《坚定不移沿着中国特色社会主义道路前进 为全面建成小康社会而奋斗——在中国共产党第十八次全国代表大会上的报告》,《人民日报》,2012年11月18日。
④ 《马克思恩格斯选集(第2卷)》,人民出版社1995年版,第43页。

复论证了"只有社会主义才能救中国""只有改革开放才能发展中国特色社会主义"的颠扑不破的光辉真理,而正是这个"只有"说明了我们当下道路抉择的唯一性。

第一,中国道路的抉择是中国救亡图强的历史选择。

从历史发展的进程来看,中国人民为了救亡图存进行了反复的比较选择。诚如毛泽东所说:"自从一八四〇年鸦片战争失败那时起,先进的中国人,经过千辛万苦,向西方国家寻找真理。洪秀全、康有为、严复和孙中山,代表了在中国共产党出世以前向西方寻找真理的一派人物。"[①]中国共产党是中国工人阶级的先锋队,最后,中国工人阶级真正有资格领导中国革命取得最终的胜利。革命是走"城市中心"的道路,还是走"农村包围城市"的道路?是搞"两次革命",还是搞"一次革命"?以毛泽东为主要代表的中国共产党人把握马克思主义的精髓,突破教条主义方法论的束缚,立足于中国国情,确立了从新民主主义革命转变为社会主义革命的正确道路。

中国新民主主义革命胜利以后,我们完成了推翻三座大山的任务,并巩固了新生的人民政权。我们在完成社会主义改造以后,顺利走上了社会主义道路。我们在坚持社会主义基本原理的同时也犯了教条主义的错误。把在社会主义条件下有利于生产力发展的东西,当作"资本主义复辟"加以反对,而把束缚生产力发展的、并不具有社会主义本质属性的东西,当作"社会主义"原则加以固守,从而使得我们不仅没有有效发挥社会主义制度的优越性,反而使人民生活得不到改善。

十一届三中全会纠正了我国社会主义建设过程中闭关自守、固守计划体制和"以阶级斗争为纲"的重大错误,做出了改革开放的战略决策。改革开放以来,国家的生产力、综合国力和人民生活水平都迈上了一个新的台阶。历史的演进路径深刻提示我们,走资本主义道路不行,必须走社会主义道路。建设社会主义闭关自守不行,只能实行改革开放。只有社会主义才能救中国,只有改革开放才能发展中国特色社会主义。我们今天选择的

---

① 《毛泽东选集(第4卷)》,人民出版社1991年版,第1469页。

在改革开放中实现社会主义现代化的道路,是历史的选择和人民的选择。

第二,中国道路的抉择是实践标准唯一性的生动体现。

我们今天追寻的中国梦也是在借鉴其他社会主义国家兴衰成败历史经验的基础上逐步形成和发展起来的。

我们面临的首要问题就是正确看待斯大林模式。斯大林模式在特定的时空范围内为维护社会主义的生存和发展起到了极其重要的作用。但是随着时间的推移,这种模式的弊端也日益暴露。而中国特色社会主义道路则与中国共产党人的国情意识紧密联系在一起。邓小平曾说:"过去我们以农村包围城市,取得了革命的胜利,这一点在马克思列宁主义书本里是没有的。现在我们还是坚持马克思列宁主义、毛泽东思想。这里有继承的部分,有发展的部分。我们建设社会主义,准确地说是建设有中国特色的社会主义,这样才是真正地坚持了马克思主义。"[①]这里不仅仅是过去的革命,而且今天的整个社会主义现代化建设的实践都要立足于国情意识。中国国情和中国人民的实践,宣告了中国特色社会主义的成功,而那些已经发生剧变了的原社会主义国家,则以未能发展社会主义社会的生产力、未能增强社会主义国家的综合国力、未能改善人民的生活水平,宣告错误改革观的破产。

第三,中国道路的抉择是尊重人民主体地位的必然选择。

中国人民的物质文化需要是作为价值本体的人的实质所指,也是中国历史前进的深层动力所在。在灾难深重的旧中国,人民群众连生存的基本需要都难以满足,生活在水深火热之中。我们进行新民主主义革命和社会主义革命,就是尊重人民群众最基本的需要,推翻三座大山,消灭剥削制度,为人民群众需要的满足与利益的实现创造起码的物质前提。

谁最有资格成为当下中国的价值主体?当然是人民,而且只有人民才能够成为价值主体。地主阶级改革派、农民阶级革命派、资产阶级改良派、资产阶级革命派之所以未能取得成功,原因固然有许多,但其中重要的一条就是未能正确关注最广大人民的利益和愿望,从而使得自己的努力实践

---

① 《邓小平文选(第3卷)》,人民出版社1993年版,第191页。

成为"孤鸿哀鸣的独唱"。而中国共产党人不仅关注最广大人民的利益和愿望,而且善于通过群众喜闻乐见的各种方式,将这样的有益信息及时传达给人民,从而赢得了人民群众的欢迎和拥护。

在中国共产党的领导下,广大人民群众谋求自身利益的行为不断从自发转向自觉。对利益自身的规定性的认识也经历着由浅入深、由表及里的过程。人民群众在历史比较和国际观察中认识到,社会主义市场经济要比计划经济更有活力,改革开放的决策远比闭关锁国的政策要明智,以经济建设为中心取代以阶级斗争为纲确实改变了中国的现实命运。中国道路的选择归根到底是作为价值主体的人民群众的选择。1986年9月,迈克·华莱士曾经问过邓小平:"在过去几年中,邓小平干得不错,现代化搞得不错,经济在发展,人们不像以前那样担心害怕,但邓小平以后情况会怎样?是否会回到以前的状况?"邓小平说:"肯定不会。因为确定现行政策会不会发生变化的主要根据是,现行政策对不对,对国家来说对不对,对人民来说对不对,人民的日子是不是逐步好过一些。我相信人民的眼睛是雪亮的。现行政策只要一改变,人民生活肯定会下降。如果人民认为现行政策是正确的,谁要改变现行政策,谁就要被打倒。"①邓小平的回答铿锵有力、掷地有声、充满自信。这种自信恰恰来自对人民群众价值主体地位的坚定信念。也正如大家所共知的那句话:"我是中国人民的儿子,我深情地爱着自己的祖国和人民。"改革开放的伟大实践,使得人民群众的主体性再次凸显,人民群众利益满足程度再次上了新的台阶。

第四,中国道路的抉择是化解社会基本矛盾的最终结果。

中国梦的实现是与中国现代化的进程密切联系的。我们必须注意到自身发展的不平衡性、生产力的多层次性以及人们生活方式、思维方式、行为方式的多层次性。由于生产力发展的不平衡性,形成了巨大的时空落差,中国由此成为一个多时空并置的社会。多时空并置,就给实现中国梦的实践提出了新的要求。物质生产力是从历史发展中传承下来的既得的力量,因而人民群众主体性的发挥必然会受到具体现实条件的制约。人民

---

① 《邓小平文选(第3卷)》,人民出版社1993年版,第173-174页。

群众的实践是在具体时空条件下展开的,中国人口多、底子薄,真正搞建设的时间并不长,这些实际情况将长期制约我们主观能动性的发挥。

在看到自身发展的不平衡性后,就必须老老实实、踏踏实实地奋斗,在社会主义初级阶段中,去实现国家的工业化和生产的社会化、市场化和现代化。一切都要在这样的框架内展开实践。只有脚踏实地地前进,而非腾云驾雾地"飞跃",中国梦才会有实现的希望。

二、中国梦:中国特色社会主义道路一脉相承而又与时俱进的必然产物

从历史的回顾和总结当中,我们认识到:要搞清楚中国梦是什么。它不是封建阶级的梦,不是资产阶级的梦,不是少数先进分子的梦,不是权贵梦,不是精英梦,而是人民梦。社会主义确立了集体主义、整体主义的价值原则,也在最广泛的意义上激发了国人"追梦"的力量。追梦,也要求我们在合理建构理想的同时,寻求通达理想境界的道路,而达到目标,内在要求这样的理想要有科学性、实践性和人文性。解放思想、实事求是、与时俱进、求真务实是马克思列宁主义、毛泽东思想的精髓,也是中国特色社会主义理论体系的精髓。中国共产党人正是在把握这一精髓的前提下,不懈探索,才找到了实现中国梦的路径。中国道路以其对改造认识世界的实践活动为有效载体,使得中国梦具有实践性;中国道路以其对社会基本矛盾规律的认知,抓住生产力的发展的根本作用这一核心环节,使得中国梦的实现具有科学性;中国道路以其对人民主体地位的尊重,使得中国梦具有鲜明的人文性。

第一,对中国梦的信念来源于中国道路的实践性。

马克思坚定地认为:"环境的改变和人的活动或自我改变的一致,只能被看做是并合理地理解为革命的实践。"[①]马克思坚持检验真理的实践标准,并且努力在实践中寻求正确的解决方案。他指出:"社会生活在本质上

---

① 《马克思恩格斯选集(第1卷)》,人民出版社1995年版,第55页。

是实践的。凡是把理论导致神秘主义的神秘东西,都能在人的实践中以及对这个实践的理解中得到合理的解决。"①实践是不断发展的,固守经典作家在某个特殊条件下形成的具体结论是没有出路的。恩格斯也指出:"马克思的整个世界观不是教义,而是方法。"②

中国人民改变自己遭受"三座大山"压迫的悲惨命运,并在现代化的基础上实现中华民族伟大复兴,本身就是一个系统性的、改变自己境遇的伟大实践。以邓小平同志为核心的党的第二代中央领导集体,首先就是从端正党的思想路线入手进行拨乱反正,重新确立了实践作为检验真理唯一标准的地位。在此基础上,邓小平带领全党全国各族人民深刻总结我国社会主义建设正反两方面经验,借鉴世界社会主义历史经验,作出把党和国家工作中心转移到经济建设上来、实行改革开放的历史性决策,深刻揭示社会主义本质,确立社会主义初级阶段基本路线,明确提出走自己的路、建设中国特色社会主义,科学回答了建设中国特色社会主义的一系列基本问题,成功开创了中国特色社会主义现代化建设的新局面。邓小平在谈到建设初级阶段的社会主义时,特别强调:"我们现在所干的事业是一项新事业,马克思没有讲过,我们的前人没有做过,其他社会主义国家也没有干过,所以,没有现成的经验可学。"③因而他坚持实践第一的精神,带领全党全国各族人民在实践中"摸着石头过河",并及时将实践的最新成果升华为理论,成为新时期继承、发展马克思主义的典范。

以江泽民同志为核心的党的第三代中央领导集体带领全党全国各族人民坚持党的基本理论、基本路线,在国内外形势十分复杂、世界社会主义出现严重曲折的严峻考验面前,捍卫了中国特色社会主义,依据新的实践确立了党的基本纲领、基本经验,确立了社会主义市场经济体制的改革目标和基本框架,确立了社会主义初级阶段的基本经济制度和分配制度,开创全面改革开放新局面,推进党的建设新的伟大工程,成功把中国特色社会主义推向 21 世纪。

---

① 《马克思恩格斯选集(第1卷)》,人民出版社 1995 年版,第 60 页。
② 《马克思恩格斯文集(第10卷)》,人民出版社 2009 年版,第 691 页。
③ 《邓小平文选(第3卷)》,人民出版社 1993 年版,第 258 页。

新世纪新阶段,以胡锦涛、习近平为总书记的党中央抓住重要战略机遇期,在全面建设小康社会进程中推进实践创新、理论创新、制度创新,强调坚持以人为本、全面协调可持续发展,提出构建社会主义和谐社会、加快生态文明建设,形成中国特色社会主义事业总体布局,着力保障和改善民生,促进社会公平正义,推动建设和谐世界,推进党的执政能力建设和先进性建设,成功在新的历史起点上坚持和发展了中国特色社会主义。

第二,中国梦的信念来源于中国道路的科学性。

中国道路是以马克思主义为行动指南的。空想社会主义的空想性不在于理想的价值目标的错误,而在于手段的错误和立足点的虚无。现实的人面对着人与自然、人与社会、人与自身思维的关系,实践活动必然表现为生产实践、处理社会关系的实践以及科学实验。马克思主义立足于实践的观点,从诸多实践中锁定具有决定意义的实践——物质资料的社会生产的实践,由此将生产力与生产关系、经济基础与上层建筑的矛盾运动作为考察历史变迁的科学依据。"马克思主义坚持从社会物质生产特别是生产力和生产关系的矛盾运动来解释世界,把生产力作为推动社会前进最活跃、最革命的力量,认为生产力的总和决定着社会状况。"[1]实践的标准必然深化为生产力标准。

中国选择了马克思主义,也必然要以马克思主义的宇宙观去确立评判历史的尺度,去分析中国社会的主要矛盾。中国人民选择以马克思主义为思想武器,也在运用这一思想武器的进程中锻炼了自己。"人们所达到的生产力的总和决定着社会状况,因而,始终必须把'人类的历史'同工业和交换的历史联系起来研究和探讨。"[2]社会主义基本制度建立后,确立的主要矛盾为人民日益增长的物质文化需要与落后的社会生产之间的矛盾。主要矛盾的确立,是能量得以聚焦的前提与保证。中国特色社会主义为化解这一主要矛盾提供了现实性和可行性。中国梦的实现,需要全国各族人民真正意义上的大团结。在今天,只有中国特色社会主义的旗帜才能够把最广大人民团结起来,在解放和发展生产力的基础上实现自身的解放与发展。

---

[1] 胡锦涛:《在"三个代表"重要思想理论研讨会上的讲话》,人民出版社2003年版,第6页。
[2] 《马克思恩格斯文集(第1卷)》,人民出版社2009年版,第532页。

邓小平就指出,空讲社会主义不行,人民不相信,指出要看生产力能否发展,人民收入能否提高。党的十三大报告明确指出离开现实的发展而空谈社会主义只能败坏马克思主义的声誉。1992年,邓小平提出的"三个有利于"标准更是鲜明突出了生产力的标准,并且指出我们在社会主义建设和振兴中华的伟大事业中"担子重、责任大",充分体现了一位战略家对在科学理论信念的基础上复兴中华的深谋远虑。进入新世纪新阶段,中国共产党人继续坚持历史唯物主义所揭示的基本理论,继续在改革的实践中解放和发展生产力,并深切认识到:"全面深化改革,必须立足于我国长期处于社会主义初级阶段这个最大实际,坚持发展仍是解决我国所有问题的关键这个重大战略判断,以经济建设为中心,发挥经济体制改革牵引作用,推动生产关系同生产力、上层建筑同经济基础相适应,推动经济社会持续健康发展。"①

第三,对中国梦的信念来源于对中国道路的人文属性的坚定理解。

马克思主义创立的根本宗旨在于以无产阶级为领导的人民大众的最终解放,这就是其人文精神所在。马克思主义的全部学说就是建立在这一基础上的。尊重人、关心人不仅是马克思个人的高贵品格,也是马克思主义的重要维度。马克思在注重哲学上采用一种独特的观察方法:"这种观察方法并不是没有前提的。它从现实的前提出发,而且一刻也不离开这种前提。它的前提是人,但不是某种处在幻想的与世隔绝、离群索居状态的人,而是处在一定条件下进行的、现实的、可以通过经验观察到的发展过程的人。"②

中国共产党人则是体现这种人文精神的表率。毛泽东明确了中国共产党"全心全意为人民服务"的根本宗旨。他在分析了中国半殖民地、半封建社会的基本特征后指出:"中国人民的贫困和不自由的程度,是世界所少见的。"③由此表达了在实现民族独立和人民解放斗争中的高度的人文关切。邓小平则把"人民赞成不赞成、答应不答应、拥护不拥护、高兴不高兴"

---

① 《中国共产党第十八届中央委员会第三次全体会议公报》,《人民日报》,2013年11月13日。
② 《马克思恩格斯文集(第1卷)》,人民出版社2009年版,第525页。
③ 《毛泽东选集(第2卷)》,人民出版社1991年版,第631页。

作为制定路线、方针、政策的出发点和归宿①,并且提出了"是否有利于提高人民的生活水平"的判断标准;江泽民指出"在经济发展的基础上,促进社会全面进步,不断提高人民生活水平,保证人民共享发展成果"②。胡锦涛则将"以人为本"确立为科学发展观的核心,指出"要始终把实现好、维护好、发展好最广大人民的根本利益作为党和国家一切工作的出发点和落脚点,尊重人民主体地位,发挥人民首创精神,保障人民各项权益,走共同富裕道路,促进人的全面发展,做到发展为了人民、发展依靠人民、发展成果由人民共享"③。习近平则反复强调"人民群众是我们的力量源泉"④。这些论点和主张与马克思主义人文性是水乳交融、一脉相承的,也只有坚持马克思主义指导下选择的中国特色社会主义道路,才能真正体现马克思主义的人文性。

党的十八届三中全会的决议则从马克思主义的实践性、科学性、人文性相统一的角度,从在马克思主义指导下的中国道路的实践性、科学性和人文性相统一的角度做出了这样的总结:"全面深化改革,必须高举中国特色社会主义伟大旗帜,以马克思列宁主义、毛泽东思想、邓小平理论、'三个代表'重要思想、科学发展观为指导,坚定信心,凝聚共识,统筹谋划,协同推进,坚持社会主义市场经济改革方向,以促进社会公平正义、增进人民福祉为出发点和落脚点,进一步解放思想、解放和发展社会生产力、解放和增强社会活力,坚决破除各方面体制机制弊端,努力开拓中国特色社会主义事业更加广阔的前景。"⑤

三、坚持中国特色社会主义道路,努力实现中国梦

中国特色社会主义道路是我们为谋求实现民族振兴、国家富强和人民

---

① 中共中央文献研究室编:《十四大以来重要文献选编(上)》,人民出版社1996年版,第450页。
② 《江泽民文选(第3卷)》,人民出版社2006年版,第534页。
③ 胡锦涛:《高举中国特色社会主义伟大旗帜 为夺取全面建设小康社会新胜利而奋斗——在中国共产党第十七次全国代表大会上的报告》,人民出版社2007年版,第15页。
④ 《习近平在十八届中共中央政治局常委同中外记者见面时强调 人民对美好生活的向往就是我们的奋斗目标》,《人民日报》,2012年11月16日。
⑤ 《中国共产党第十八届中央委员会第三次全体会议公报》,《人民日报》,2013年11月13日。

幸福的现实路径。中国特色社会主义道路,是遵循马克思主义科学世界观和方法论的现实选择,其实践内涵必然要为马克思主义基本原理所规定、所引领、所发展、所更新。中国梦根本上说是人民的梦,是我们国家和民族的梦,是以"强盛中国、文明中国、和谐中国、美丽中国"为目标的梦,也是与世界发展进程根本一致的梦。中国特色社会主义道路的内涵,也不断启示我们突出其中的主体意识、内涵意识、布局意识和世界眼光。

第一,中国梦是人民的梦、民族的梦和国家的梦,而中国特色社会主义道路则突出了其中的主体意识。

马克思主义历史唯物主义的出发点是"现实的个人",这样的"现实的个人"取代的是"抽象的个人""孤立的个人"。而人的本质只能够从现实的社会关系中去考察,那么在今天中国,个人的现实性必然与个人所处的社会关系密不可分。"现实的个人"通过现实的生产关系形成了人民大众这样的主体力量。那么关乎个人的中国梦与人民的梦就在根本上是有机统一的。"生气勃勃的创造性的社会主义是由人民群众自己创造的。"①党的十八大报告把"坚持人民主体地位"作为在新时期夺取中国特色社会主义新胜利的首要基本要求,这对于一个拥有世界五分之一人口、要在社会主义基础上实现中华民族复兴的国家至关重要。

第二,中国梦明确表达了"民族振兴、国家富强和人民幸福"的雄心壮志,而中国特色社会主义道路则充实了这一伟大目标的内涵规定。

"百年巨变得出的结论是:只有中国共产党才能领导中国人民取得民族独立、人民解放和社会主义的胜利,才能开创建设有中国特色社会主义的道路,实现民族振兴、国家富强和人民幸福。"②

首先,中国特色社会主义道路的确立,本身就表明了中国共产党人复兴中华民族的庄严使命感。我们的事业的立足点就是着眼于社会主义初级阶段的基本国情。仅以对社会主义初级阶段基本特征概括为例,就可以看出其中的真切。党的十五大报告指出,社会主义初级阶段是"在社会主

---

① 《列宁全集(第33卷)》,人民出版社1985年版,第53页。
② 《江泽民文选(第2卷)》,人民出版社2006年版,第3页。

义基础上实现中华民族伟大复兴的历史阶段"①。

其次,中国特色社会主义道路的开辟,为人民的解放开辟了新的境界。我们告别了过去"以阶级斗争为纲"的年代,从改革农村的集体所有制实现形式入手,掀起了农村改革的热潮,继而整个经济体制的改革得以深化。农民不再被死死束缚在土地上。人民群众的各项权益也不断获得承认和保障。中国特色社会主义是亿万人民群众自己创造的伟大事业,也必将造福于人民。

最后,中国特色社会主义道路的开辟也为中国综合国力的增强提供了条件。中国打开国门,资金技术和信息涌入,投资、需求、技术、贸易等各种力量形成了拉动经济发展的巨大引擎。我国综合国力显著增强,已经迈入了世界第二大经济体的序列,从而极大增强了国人实现中国梦的信心。

第三,中国梦是追求"强盛中国、文明中国、和谐中国、美丽中国"壮美蓝图的梦,而中国特色社会主义道路则强化了我们实现中国梦的布局意识。

以马克思主义为指导的中国特色社会主义坚持经济基础和上层建筑的统一,而上层建筑又分为政治上层建筑和思想上层建筑,党的十五大提出了经济、政治、文化的三大纲领。随着我们对以民生为重点的社会主义和谐社会建设的重要性的认识的逐步深化,以及对人和自然的关系的再认识,又突出了社会建设和生态文明建设,从而形成了五位一体的建设布局。"强盛中国、文明中国、和谐中国、美丽中国"则是这种布局意识的体现。中国梦的实现必须要体现在我们建设社会主义物质文明、政治文明、精神文明、和谐社会以及生态文明的实践中,以及这些实践所取得的实实在在的成就中。

第四,中国梦的实现与人类历史进步的本质规律有机合拍,因而实现中国梦必然沿着中国特色社会主义道路前进,并积极参与构建和谐世界。

共产主义的实现"是以生产力的普遍发展和与此有关的世界交往的普遍发展为前提的"②。我们立足社会主义初级阶段的基本国情,胸怀共产

---

① 《江泽民文选(第2卷)》,人民出版社2006年版,第15页。
② 《马克思恩格斯全集(第3卷)》,人民出版社2006年版,第39—40页。

主义理想,内在要求我们自觉做到中国自身发展与世界共同发展的统一合拍。在宣告"中国人民站起来了"的中国人民政治协商会议第一届全体会议上,毛泽东这样说:"我们的民族将从此列入爱好和平自由的世界各民族的大家庭,以勇敢而勤劳的姿态工作着,创造自己的文明和幸福,同时也促进世界的和平和自由。我们的民族将再也不是一个被人侮辱的民族了,我们已经站起来了。我们的革命已经获得全世界广大人民的同情和欢呼,我们的朋友遍于全世界。"① 党的十八大报告指出:"必须坚持和平发展。和平发展是中国特色社会主义的必然选择。要坚持开放的发展、合作的发展、共赢的发展,通过争取和平国际环境发展自己,又以自身发展维护和促进世界和平,扩大同各方利益汇合点,推动建设持久和平、共同繁荣的和谐世界。"② 中国梦的实现必然是和平梦的实现,也是为了更好地构建和谐世界。中国人民在这一方面的思想和行动是一如既往、一以贯之的。

我们之所以能够开创今天改革开放的新局面,坚定人民在社会主义基础上实现中华民族伟大复兴的崇高信念,正是因为我们高举科学社会主义的旗帜,遵循马克思主义基本原理,并且与中国实际相结合、与时代发展相同步、与人民大众共命运,自觉推进了马克思主义中国化的生动实践。中国人民经过千难万难,终于在追寻中国梦的艰辛努力中走上了中国特色社会主义的康庄大道。

四、中国道路:兴国之要、立国之本、强国之路的基石

今天我们走上了改革开放的道路,经济建设是我们的兴国之要,四项基本原则是我们的立国之本,改革开放是我们的强国之路,富强、民主、文明、和谐的现代化国家是我们的崇高目标。历史的总结、现实的要求、未来的召唤都要求我们坚定走中国道路的信心。

中国特色社会主义道路作为几十年来党和人民艰苦卓绝奋斗的产物,

---

① 《毛泽东文集(第5卷)》,人民出版社1996年版,第344页。
② 胡锦涛:《坚定不移沿着中国特色社会主义道路前进　为全面建成小康社会而奋斗——在中国共产党第十八次全国代表大会上的报告》,《人民日报》,2012年11月18日。

理所当然具备着引领中国人民圆梦的资格：

第一，中国共产党人代表先进生产力的发展要求，代表先进文化的前进方向，更代表中国最广大人民的根本利益。中国共产党人坚持将统一战线作为革命建设和改革不断取得胜利的重要法宝，最广泛地团结和动员一切可以团结的力量，从而能够最大限度地凝聚中国力量。

第二，马克思主义以解放思想、实事求是、与时俱进、求真务实为精髓，我们以马克思主义为指导，脚踏实地地立足于中国的国情，发扬我们民族的优良的传统精神。我们过去搞革命，走农村包围城市的道路，就是"解放思想、实事求是"精神的胜利，在新时代我们依旧要发扬这种精神，并在新的实践中勇于开拓创新，使得变革中国现实的每一步行动，能够在经历实践的检验后升华为指导行动的理论，使我们在道路自信、理论自信、制度自信、文化自信中不断展现出中国精神。

第三，中国特色社会主义制度不仅是一种自信和总结，也是我们坚持中国道路的保障。它有利于保持党和国家活力，调动广大人民群众和社会各方面的积极性、主动性、创造性；有利于解放和发展社会生产力，在对外开放的同时保护好民族产业，在搞活非公有制经济的同时继续巩固公有制经济的主体地位，推动经济社会全面发展。我们坚持这条道路有利于维护和促进社会公平正义，实现全体人民共同富裕，有利于集中力量办大事，有效应对前进道路上的各种风险挑战，有利于维护民族团结、社会稳定、国家统一。

第四，我们走中国道路有着重要的武装保障，那就是一支来自人民、服务人民的革命化、现代化和正规化的军队。从国家的角度来说，和平发展、和平崛起的方式是实现中国梦的最佳选择。中国梦的实现不会威胁到世界的和平与发展，反而有利于促进世界的和平与发展。中国梦的实现依靠全党全国各族人民齐心协力建设中国特色社会主义事业。在处理外交关系时，我们要努力营造和平稳定的国际环境，为中国梦的实现提供充足的国际空间。中国军队不仅是维护国内稳定的坚强柱石，也是捍卫世界和平的中流砥柱。中国与世界走的是共赢发展的道路，这本身也是符合社会主义自身价值原则的。

结语

　　道路问题至关重要。我们选择的道路坚持了科学理论的指导,扎根于亿万人民,传承于历史,引领着未来。正如习近平指出:"中国特色社会主义这条道路来之不易,它是在改革开放 30 多年的伟大实践中走出来的,是在中华人民共和国成立 60 多年的持续探索中走出来的,是在对近代以来 170 多年中华民族发展历程的深刻总结中走出来的,是在对中华民族 5 000 多年悠久文明的传承中走出来的,具有深厚的历史渊源和广泛的现实基础。我们要在深入把握中国特色社会主义的科学性和真理性的基础上增强自信,在领导人民推进改革开放和社会主义现代化建设的进程中继续开拓,按照党的十八大提出的坚持和发展中国特色社会主义的基本要求,不断开创中国特色社会主义事业新局面。"①

　　总之,以马克思主义为指导的、立足于社会主义初级阶段现实要求的中国道路,是实现中国梦的唯一路径,这是历史经验的必然总结,更是中国人民的庄严选择。

---

　　① 《习近平在中共中央政治局第七次集体学习时强调　在对历史的深入思考中更好走向未来　交出发展中国特色社会主义合格答卷》,《人民日报》,2013 年 6 月 27 日。

习近平"人民中心"思维取向研究

张森年

【摘要】 习近平"人民中心"的思维取向,亦即他的"人民中心"的思维方式,是习近平思维方式中最基础、最核心的内容。从一定程度上说,这一思维取向决定和规定了其他思维方式的形成和功能的发挥。以人民为中心,是对马克思主义唯物史观的深切领悟与坚持,是对共产党执政规律的深刻揭示与认识,是坚持党的群众路线的集中体现,是中国共产党不忘初心的崇高党格的体现。习近平"人民中心"思维取向的确立所经历的感性到理性、理论到实践的辩证过程,为广大党员干部指明了一条明晰的确立"人民中心"思维价值取向的科学路径。

【关键词】 习近平;"人民中心";思维取向;思维方式;科学路径

【作者简介】 张森年(1956—),哲学博士,上海政法学院教授。主要研究方向:马克思主义与当代中国、高校思想政治教育。

以人民为中心,是习近平新时代中国特色社会主义思想的思维基点和价值取向。党的十九大报告指出:"必须坚持以人民为中心的发展思想,不断促进人的全面发展、全体人民共同富裕。"①

习近平"人民中心"思维取向有着丰富的内涵,其主要内容包括:时刻把人民的疾苦放在心上,要不断"提升人民群众获得感和幸福感",要"依靠人民创造历史伟业"。习近平"人民中心"思维取向的确立与坚守,取决于三个主要因素:感情上与人民心心相印,理性上树立了"人民是历史的创造者"的唯物史观,行为上"不忘初心,牢记使命"。

一、"人民中心"思维取向的内涵规定

习近平"人民中心"的思维取向,集中体现在时刻把人民的疾苦放在心上、要不断"提升人民群众获得感和幸福感"、要"依靠人民创造历史伟业"这三个方面。

(一) 时刻把人民的疾苦放在心上

"'治政之要在于安民,安民之道在于察其疾苦。'古人议政的这句话,今天依然值得借鉴。只要我们把民众的疾苦了解到、处理好,'去民之患,如除腹心之疾',只要我们能真正代表人民的根本利益,'以百姓之心为心',我们的周围就会吸引和凝聚千百万大众,还愁什么社会不稳?!"②

1989年,习近平任福建省宁德地委书记时就这样说过。担任总书记以后,他一如既往地将人民的疾苦放在心上。每年他都要到贫困地区了解民情,看望和慰问群众。每到一地,他或是盘腿坐在炕上,同乡亲手拉手,详细询问他们一年下来有多少收入,粮食够不够吃,过冬的棉被有没有,取暖的煤炭够不够,小孩上学远不远,看病方便不方便③。或是同乡亲们手拉着手唠家常,询问粮食够不够吃,低保有没有保证,看病有没有保障,孩子有没有学上,年货有没有备好④。或是同贫困村民坐下来同一家人算收

---

① 《党的十九大报告辅导读本》,人民出版社2017年版,第15页。
② 习近平:《摆脱贫困》,福建人民出版社1992年版,第17—18页。
③ 《习近平把群众安危冷暖时刻放在心上》,新华网,2012年12月30日。
④ 《习近平春节前夕赴甘肃看望各族干部群众》,新华网,2013年2月5日。

支账,询问有什么困难,有什么打算,察看了他们的谷仓、床铺、灶房、猪圈,勉励一家人增强信心,在党和政府关心下用勤劳和智慧创造美好生活①。或是察地窖,摸火墙,坐炕头,同他们促膝谈心。在看望下岗再就业职工时,他关切询问社区服务好不好,实施暖房工程后冬天温度能提高几度,家里还有什么困难,祝福他们把日子过得更好②。走进北京的大杂院,他问冷暖,听心愿。"做饭烧什么?""取暖方便不方便?""胡同里几个厕所?"③是关切,更是解难。尽管通往贫困地区的路途山大沟深,道路陡峭,九曲十八弯;尽管村道坎坎坷坷,浮土没过脚面;尽管天气酷冷,要冒零下十几摄氏度的严寒,总书记与广大贫困群众心心相连。坐炕头、唠家常、嘘冷暖,亲如一家;找贫根、探富路、鼓信心,情胜手足。没有一丝做派,没有一句官腔,完完全全的真情流露!"要把人民放在心中最高位置,全力为群众排忧解难。"这是他在看望群众时对社区负责人的叮嘱,更是他心中永恒的信念和准则。

(二) 要不断"提升人民群众获得感和幸福感"

习近平指出:"落实以人为中心的发展思想。"④"必须始终把人民利益摆在至高无上的地位,让改革发展成果更多更公平惠及全体人民,朝着实现全体人民共同富裕不断迈进。"⑤"人民当家作主是社会主义民主政治的本质特征","发展社会主义民主政治就是要体现人民意志、保障人民权益、激发人民创造活力,用制度体系保证人民当家作主"。"保证人民当家作主落实到国家政治生活和社会生活之中"⑥。

"满足人民过上美好生活的新期待,必须提供丰富的精神食粮。"⑦他提出:"全面建成小康社会,在保持经济增长的同时,更重要的是落实以人民为中心的发展思想,想群众之所想、急群众之所急、解群众之所

---

① 《习近平赴湘西调研扶贫攻坚》,新华网,2013 年 11 月 4 日。
② 习近平:《深入实施创新驱动发展战略 为振兴老工业基地增添原动力》,《人民日报》,2013 年 9 月 2 日。
③ 《总书记大杂院里听民声:今天来看看老街坊》,新华网,2014 年 2 月 26 日。
④ 《习近平:从解决好人民群众普遍关心的突出问题入手 推进全面小康社会建设》,新华网,2016 年 12 月 21 日。
⑤ 《党的十九大报告辅导读本》,人民出版社 2017 年版,第 35—36 页。
⑥ 《党的十九大报告辅导读本》,人民出版社 2017 年版,第 29、28、18 页。
⑦ 《党的十九大报告辅导读本》,人民出版社 2017 年版,第 35 页。

困,在学有所教、劳有所得、病有所医、老有所养、住有所居上持续取得新进展。"①"形成有效的社会治理、良好的社会秩序,使人民获得感、幸福感、安全感更加充实、更有保障、更可持续。"②"既要创造更多物质财富和精神财富以满足人民日益增长的美好生活需要,也要提供更多优质生态产品以满足人民日益增长的优美生态环境需要。"③

此外,他还提出:"要牢固树立以人民为中心的发展理念……切实保障人民群众'舌尖上的安全'。"④指出,食品安全关系人民身体健康和生命安全,必须坚持最严谨的标准、最严格的监管、最严厉的处罚、最严肃的问责,切实提高监管能力和水平⑤。他强调,"要把人民健康放在优先发展的战略地位"⑥。

总之,在经济、政治、文化、社会、生态等各个建设领域,在食品安全、全民健康、民众安全、城镇建设等各个方面,无不体现着习近平"以人民为中心"的思维价值取向。

(三) 要"依靠人民创造历史伟业"

习近平在党的十九大报告中指出:"人民是历史的创造者,是决定党和国家前途命运的根本力量。"⑦以人民为中心,就要相信群众、依靠群众,尊重群众的首创精神。

他指出,实现中华民族伟大复兴是十分伟大而又十分艰巨的事业,需要全体中华儿女众志成城、万众一心,把一切力量都凝聚起来,把一切积极因素都调动起来。"农村要发展,根本要依靠亿万农民。要坚持不懈推进农村改革和制度创新,充分发挥亿万农民主体作用和首创精神,不断解放和发展农村社会生产力,激发农村发展活力。"⑧"脱贫致富终究要靠贫困

---

① 《党的十九大报告辅导读本》,人民出版社2017年版,第19页。
② 《党的十九大报告辅导读本》,人民出版社2017年版,第36页。
③ 《党的十九大报告辅导读本》,人民出版社2017年版,第40页。
④ 《习近平对食品安全工作作出重要指示》,新华网,2016年1月28日。
⑤ 《习近平春节前夕赴河北张家口看望慰问基层干部群众》,新华网,2017年1月24日。
⑥ 《习近平谈治国理政(第二卷)》,外文出版社2017年版,第370页。
⑦ 《党的十九大报告辅导读本》,人民出版社2017年版,第17页。
⑧ 《习近平在中共中央政治局第二十二次集体学习时强调 健全城乡发展一体化体制机制 让广大农民共享改革发展成果》,《人民日报》,2015年5月2日。

群众用自己的辛勤劳动来实现。"①2014年3月,他在兰考县调研指导时要求,要进一步把农村党组织建设成为坚强的战斗堡垒,多渠道发挥农村党员先锋模范作用,带领村民一起建设社会主义新农村②。2017年1月,他在张家口看望慰问基层干部群众时叮嘱,"要把扶贫同扶志结合起来,着力激发贫困群众发展生产、脱贫致富的主动性,着力培育贫困群众自力更生的意识和观念,引导广大群众依靠勤劳双手和顽强意志实现脱贫致富"。"多给贫困群众培育可持续致富的动力"③。他勉励少数民族和民族地区的乡亲们,要发扬自强自立精神,找准发展路子、苦干实干,早日改变贫困面貌④。

在全国国有企业党的建设工作会议上,习近平强调:坚持全心全意依靠工人阶级的方针,是坚持党对国有企业领导的内在要求。要充分调动工人阶级的积极性、主动性、创造性⑤。在同知识分子劳动模范青年代表座谈时他指出:"把全面建成小康社会的美好蓝图变为现实,广大知识分子要充分发挥自身优势,勇于担当、敢于创新,服务社会、报效人民,不断提供重要的人才支撑、智力支撑、创新支撑;广大劳动群众要以劳动模范为榜样,爱岗敬业、勤奋工作,锐意进取、勇于创造,不断谱写新时代的劳动者之歌;广大青年要充分展现自己的抱负和激情,胸怀理想、锤炼品格,脚踏实地、艰苦奋斗,不断书写奉献青春的时代篇章。"⑥

习近平总书记上述所言所行,不仅仅包含着对人民群众的深切关怀,更包含着对蕴藏于人民群众之中的智慧和力量的坚信!人民,是他心中的全部空间,是他思维的全部内容,是他情感的全部依托。他谆谆告诫:"千万要记住政府前面的'人民'两字。""要始终与人民心心相印、与人民同甘共苦、与人民团结奋斗。"⑦

---

① 《十九大报告关键词》,党建读物出版社2017年版,第101页。
② 《习近平教育实践活动的主题与焦裕禄精神是高度契合的》,新华网,2014年3月18日。
③ 《习近平春节前夕赴河北张家口看望慰问基层干部群众》,新华网,2017年1月24日。
④ 《习近平春节前夕赴甘肃看望各族干部群众》,新华网,2013年2月5日。
⑤ 《习近平谈治国理政(第二卷)》,外文出版社2017年版,第177页。
⑥ 《习近平在同知识分子劳动模范青年代表座谈》,新华网,2016年4月29日。
⑦ 《习近平谈治国理政》,外文出版社2014年版,第428页。

二、"人民中心"思维取向的确立与坚守

"人民中心"的思维取向实质上就是"人民中心"的思维方式。习近平"人民中心"思维取向的确立与坚守,取决于三个要素:感情上与人民心心相印,理性上真正认识"人民是历史的创造者",行为上"不忘初心,牢记使命"。

(一)感情上与人民心心相印

以人民为中心的思维取向,首要决定因素就是立足于人民的立场。

皮亚杰认为,思维是内化的动作。此话虽不够全面,但包含一定的真理性。从思维方式形成的基本过程考察,思维方式是实践方式的内化,即实践方式内化为人们脑中的一种相对固定化的意识的过程。因此,投身建设中国特色社会主义的伟大实践,"与人民团结奋斗",是培养与人民的感情、筑就人民立场的关键。感情的产生,首要前提是要有"感",即要有接触,在此基础之上才有生"情"的可能。

习近平"人民中心"的思维取向的形成,如果追根溯源,"来自他当年在梁家河上山下乡的经历,来自他从知青时代一点一滴培养起来的对人民群众的深情"。在梁家河,他深深地体会到了生活的艰辛。干活"感到饿得顶不住了","想再拿两块糠团子吃两口";长期吃不到新鲜蔬菜,一次就嚼了半盆酸菜。在那特殊的年代,习近平特殊的家庭出身使得"别人是从零开始,习近平要从负数开始"。不管多么艰难困苦,习近平总是拼命干,从不"撒尖儿",一步一步地过了跳蚤关、饮食关、劳动关、思想关这"四关"。身心上经受了磨砺,同时也得到了升华。他"把自己看成黄土地的一部分",他的身心完全融入了人民群众之中,他自称"我现在就是个农民""我们老陕"。言为心声,从他的言语中,不难看出人民群众在他心中不可移易的地位已经奠定。

思维方式一旦形成,对主体的行为将产生重要的指导、调节和控制的功能。正如有学者指出,某一思维方式一经选择与确定,经过人们的经验积累或一定的历史积淀,就成为主体理解和把握对象世界的一种思维模式,构成一种特定的思维习惯,或称为思维定式与认识定式,它对人的思维

活动乃至实践活动仿佛具有"先验结构"的性质。思维方式的这种先在性，直接决定着人们把握对象的角度、思维活动的现实内容以及认识问题的程序与方法，似乎是人脑中先天所固有的思维图式①。因此，当我们看到习近平对于讨吃老汉，"把身上的钱、陕西省粮票、全国粮票，都掏光了，给了那个老汉，还把外套也脱下来给了人家！"对"半憨憨"孩子不知深浅的行为举止"从来都一笑置之""从没有过疾言厉色"。我们不难发现他内心深处对人民群众的殷殷情怀。

我们就不难理解他的心愿，"是陕北老百姓养育和培养了自己，应该有所回报，要为梁家河做点事"。村里缺地缺粮食，他带领大家打淤地坝；村里缺水，他带领大家挖深水井；为了方便村民缝补衣服、磨面磨粉、购买日用品和农具，他就给村里办缝纫社、代销店、铁业社、磨坊。"只要是村民需要的，只要是他能想到的，他都去办，而且都办得轰轰烈烈"②。

我们就不难发现，尽管他职务不断变化，不断升迁，他的一颗心始终与人民心心相印！

(二) 理性上真正认识"人民是历史的创造者"

习近平"以人民为中心"思维取向的形成，离不开他对马克思主义唯物史观基本原理的深切领悟与坚持，和对共产党执政规律的深刻揭示与认识。

思维方式本质上是反映思维主体、思维对象、思维工具三者关系的一种稳定的、定型化的思维结构。其中，思维主体是指处在一定社会历史发展阶段上和现实关系中的进行思维活动的人。它是思维活动的物质承担者，依赖于作为高级神经活动基础的大脑结构，通过社会实践活动方式的不断内化和积累而表现为一种特定的认知结构。这一认知结构，首先体现为一定的世界观。世界观是思维方式的总特征、核心和深层结构。不同的思维方式和不同的世界观是在同等意义上被理解的。所以，思维方式的变化实质上就是世界观的变化。

2013年12月3日，习近平在中共中央政治局就历史唯物主义基本原

---

① 高晨阳：《中国传统思维方式研究》，科学出版社2012年版，第1页。
② 以上均参阅中央党校采访实录编辑室著：《习近平的七年知青岁月》，中共中央党校出版社2017年版。

理和方法论进行第十一次集体学习时强调,要学习和掌握人民群众是历史创造者的观点,紧紧依靠人民推进改革。人民是历史的创造者,要坚持把实现好、维护好、发展好最广大人民根本利益作为推进改革的出发点和落脚点,让发展成果更多更公平惠及全体人民,唯有如此改革才能大有作为。

确立"人民是历史的创造者"的唯物史观,就是确立"以人民为中心"的思维方式。"人民是历史的创造者",要对人民群众在创造历史中的具体作用有真正的认识。历史唯物主义揭示,人民群众是社会物质财富的创造者,人民群众是社会精神财富的创造者,人民群众是社会变革的决定力量。历史活动是群众的事业,人民群众是历史的主体,是历史的创造者。

掌握人民群众是历史创造者的观点,对人民群众在创造历史中的作用一定要有清醒的认识。抽象清楚、具体模糊,口头清楚、脑中糊涂,心中是不可能有人民群众的位置的。"人民是历史的创造者",要求党员领导干部对自己的身份、角色有明确的定位。被毛泽东称赞为"从群众中走出来的群众领袖"的习仲勋同志有一句名言,就是"必须把屁股端端地坐在老百姓这一方面","当人民忠诚的勤务员"①。2015年7月17日,习近平在吉林考察调研与企业职工座谈时指出:"党的各级领导干部都是人民的勤务员,中央领导是人民的大勤务员。"②"人民的勤务员",这就是中国共产党人给自己所作出的永恒的身份定位。"是否牢记主仆关系、践行执政宗旨,是否做到心系群众、服务人民,是否恪守为民之责、履行为民之职,始终是我们党加强作风建设的重要内容,是衡量一个领导干部作风是否端正的试金石。"③那种觉得自己是高高在上的官老爷,肆意胡作非为、作威作福的贪腐之徒,是忘记了自己的身份而必须被清除的人民的"恶仆"!

"人民是历史的创造者",早在2004年,习近平就指出:"我们的各级领导干部是人民的勤务员,我们的职权是人民赋予的,我们的责任就是向人民负责。"④在党的十九大报告中,他同样指出:"我国是工人阶级领导的、

---

① 何载:《红旗漫卷西北高原:缅怀习仲勋在西北》,中央党史出版社2017年版,第1页。
② 《习近平:中央领导是人民的大勤务员》,新华网,2015年7月17日。
③ 习近平:《之江新语》,浙江人民出版社2007年版,第257页。
④ 习近平:《干在实处 走在前列——推进浙江新发展的思考与实践》,中共中央党校出版社2006年版,第418—419页。

以工农联盟为基础的人民民主专政的社会主义国家,国家一切权力属于人民。"①不记住这一点,就会自我膨胀,就会滥用职权,就会犯错误甚至犯罪!所以,共产党人"要常怀忧患之思,常念人民之托"。"始终正确对待权力,立志为人民做好事、做实事,安分守己为党工作"②。

人民群众是变革历史的决定力量,当我们用这一原理认识共产党的执政实践,我们就获得了对共产党执政规律的深刻认识。这就是习近平在《紧紧围绕坚持和发展中国特色社会主义学习宣传贯彻党的十八大精神》一文中所指出的:"密切党群、干群关系,保持同人民群众的血肉联系,始终是我们党立于不败之地的根基。一个政党,一个政权,其前途和命运最终取决于人心向背。如果我们脱离群众、失去人民拥护和支持,最终也会走向失败。"③

(三) 行为上"不忘初心,牢记使命"

"以人民为中心"的思维取向,是中国共产党人"不忘初心,牢记使命"的崇高党格的本质体现。习近平指出:"中国共产党人的初心和使命,就是为中国人民谋幸福,为中华民族谋复兴。"

初心,就是最初的心愿。共产党的初心,就是中国共产党自建党之初就确立的理想、宗旨和使命。1921 年 7 月,党的一大通过的《中国共产党第一个纲领》和《中国共产党第一个决议》,宣示了"把工农劳动者和士兵组织起来","维护无产阶级的利益"的立场,提出了"实行社会革命","承认无产阶级专政,直到阶级斗争结束,即直到消灭社会的阶级区分"的纲领④。这是中国共产党人的初心和使命在党的纲领与决议中最早的表达。近百年来,一代又一代共产党人,不忘初心,牢记使命,前赴后继,为实现党的奋斗目标奋斗不息!

"不忘初心",是以习近平同志为核心的党中央所领导的数千万党员对自己崇高使命的政治审视,是信守中华民族几千年文明所凝聚的"言必信

---

① 《党的十九大报告辅导读本》,人民出版社 2017 年版,第 28 页。
② 《习近平在中纪委第六次全体会议上的讲话》,《人民日报》,2016 年 5 月 3 日。
③ 中共中央文献研究室:《十八大以来重要文献选编(上)》,人民出版社 2014 年版,第 81 页。
④ 中共中央文献研究室、中央档案馆:《建党以来重要文献选编(1921—1949)(第 1 册)》,中央文献出版社 2009 年版,第 1、6 页。

行必果""一诺千金"的道德重申,是共产党人为民族复兴、人民幸福不懈奋斗、砥砺前行的精神展示!"人民对美好生活的向往,就是我们的奋斗目标"。这蕴藉着百年来共产党人赤诚丹心的庄严承诺,是中国共产党在新时代向人民作出的纯净而透明的真心表白。

之所以是"纯净而透明",是因为它不含任何杂念与私心。历史上不乏重"民"的清官廉吏、贤相明君。如"今我何功德,曾不事农桑。吏禄三百石,岁晏有余粮。念此私自愧,尽日不能忘"①。"邑有流亡愧俸钱"②。"民惟邦本,本固邦宁"③。"君者,舟也;庶人者,水也。水则载舟,水则覆舟"④。"怨不在大,可畏惟人;载舟覆舟,所宜深慎"⑤。他们的行为值得钦佩与赞赏,他们的认识不乏真知与灼见。他们重民,有两重考量。其一,道德考量。民为衣食父母,不为民做事,愧对俸禄,愧对良心。超出此念,则把为百姓所做的好事,看成是对百姓的恩赐。其二,价值考量。人民群众中所蕴藏的变革社会的力量可以帮助他们夺取政权或足以推翻政权,"民"对他们来说,是工具;"保民"也可认为是自保。

"不忘初心"则是奠定在"人民是历史的创造者"的唯物史观的理论基础、对历史发展规律正确认识和把握的理性基础之上的考量。因为"人民,只有人民,才是创造世界历史的动力"⑥。认识了这一点,就悟到了历史发展的大"道",从而能心甘情愿、无怨无悔、"全心全意为人民服务""俯首甘为孺子牛"。时刻不忘初心,就是时刻把人民放在心上。共产党人的强烈的使命感是"人民中心"思维方式的确立与坚守的恒久的内在动因。

习近平"人民中心"的思维取向,亦即他的"人民中心"的思维方式,是习近平思维方式中最基础、最核心的内容。从一定程度上说,这一思维取向决定和规定了其他思维方式的形成和功能的发挥。以人民为中心,是对马克思主义唯物史观的深切领悟与坚持,是对共产党执政规律的深刻揭示

---

① [唐]白居易:《观刈麦》。
② [唐]韦应物:《答李儋元锡》。
③ 《尚书·五子之歌》。
④ 《荀子·王制》。
⑤ [唐]魏徵:《谏太宗十思疏》。
⑥ 《毛泽东选集(第3卷)》,人民出版社1991年版,第1031页。

与认识,是坚持党的群众路线的集中体现,是中国共产党不忘初心的崇高党格的体现,是全心全意为人民服务的宗旨在新时代新思想中的表述。习近平"人民中心"思维取向的确立所经历的感性到理性、理论到实践的辩证过程,也为广大党员干部昭示了一条确立"人民中心"思维价值取向的科学路径。

习近平关于经济全球化重要论述的三重逻辑*

刘会强

【摘要】 作为新时代中国特色社会主义理论的重要组成部分,习近平关于经济全球化的重要论述直面当代世界经济面临的困境与挑战,提供了破解"时代之问"的新观念、新路径,是对马克思主义经典作家经济全球化思想的当代创新和最新发展。概括起来,其要点有:①"时代之问"——"世界怎么了,我们怎么办?"是上述论述的时代背景和现实基础;②马克思主义的世界历史理论构成相关论述的理论逻辑;③对人类文明交流互鉴规律的深刻把握,特别是对近代以来经济全球化历史进程的深入分析,是相关论述的历史逻辑;④在人类命运共同体理念引领下实现经济全球化的再平衡,是相关论述的现实逻辑。

【关键词】 时代之问;马克思世界历史理论;经济全球化;人类命运共同体

【作者简介】 刘会强(1967—),哲学博士,上海政法学院教授。主要研究方向:马克思主义哲学。

---

* 本文系国家哲社项目"人类命运共同体构想对马克思世界历史理论原创性贡献研究(项目编号:20BKS066)"阶段性成果。

面对后危机时代世界经济增长乏力、逆全球化势头蔓延的态势，习近平总书记站在世界历史的高度，运用辩证思维的方法，观察世界大势，把握时代潮流，阐发了对世界经济、经济全球化的新看法，提出了一系列重要论述，这些论述是新时代中国特色社会主义理论的重要组成部分，是对马克思主义经典作家经济全球化思想的当代创新和最新发展，提供了破解"时代之问"的新观念、新路径，为新时代中国特色社会主义进一步在开放中实现更大发展奠定了重要的理论基础。

一、时代之问：经济全球化遭遇危机与挑战

当今世界正处于一个前所未有的大发展、大变革、大调整的新时代，在引发这场百年未遇大变局的众多原因中，经济全球化的影响和作用居于首位。如果说"地理大发现"拉开了经济全球化宏大进程的历史序幕，产业革命的胜利确证了经济全球化第一轮的发展高潮，那么，随着冷战格局终结而兴起的新一轮的全球化，不仅极大地推动了世界经济的繁荣发展，重新塑造世界政治格局，而且深刻影响和改变着人们的生活方式、交往方式和价值观念。以中国融入全球化、创造经济奇迹为标志，"一大批新兴市场国家和发展中国家走上发展的快车道，十几亿、几十亿人口正在加速走向现代化"，由此，在世界各地形成了多个发展中心；借助于日新月异的互联网技术、发达便捷的交通工具，以及规模庞大的各类世界市场，"各国相互联系、相互依存的程度空前加深，人类生活在同一个地球村里，生活在历史和现实交汇的同一个时空里，越来越成为你中有我、我中有你的命运共同体"①。

然而，人类在享受经济全球化带来种种"红利"的同时，不得不面对环境污染、温室效应、贫富两极分化、恐怖主义蔓延等全球性问题的困扰和威胁。全球化的这种"双刃剑"效应引发了国内外学术界的高度关注和持续研究，基于不同背景的研究和探讨高潮迭起，各种观点异彩纷呈。有的学者认为全球化体现了历史的必然，代表着人类进步的方向，有的学者则持

---

① 《习近平谈治国理政》，外文出版社2017年版，第272页。

相反的观点,认为全球化实质上就是西方化、美国化,旨在建立全球霸权,更有人将全球化斥为"新帝国主义",如此等等。2008年爆发的金融危机席卷世界,经济全球化进入低潮期、调整期,世界经济的持续低迷,各种形式的贸易保护主义受到一些西方发达国家青睐,质疑全球化的声音逐渐汇集成反全球化、逆全球化思潮和运动,这就使得本来就错综复杂的全球化问题更加扑朔迷离。面对经济全球化和世界经济遭遇到的危机与挑战,人类该何去何从,这既需要智慧和勇气,更需要理论引领。

习近平总书记基于马克思主义的宽阔视野,将上述困境引发的困惑和疑虑凝练为著名的"时代之问"——"世界怎么了、我们怎么办?"并站在人类历史发展规律的高度进行了深入思考。在2017年的达沃斯世界经济论坛开幕式上,他借用世界文豪狄更斯的名言"这是最好的时代,也是最坏的时代",精辟概括了当今人类所处的境况:"一方面,物质财富不断积累,科技进步日新月异,人类文明发展到历史最高水平。另一方面,地区冲突频繁发生,恐怖主义、难民潮等全球性挑战此起彼伏,贫困、失业、收入差距拉大,世界面临的不确定性上升。对此,许多人感到困惑,世界到底怎么了?"[①]随后,在联合国日内瓦总部的演讲中,习近平说:"当今世界充满不确定性,人们对未来既寄予期待又感到困惑。世界怎么了、我们怎么办?这是整个世界都在思考的问题,也是我一直在思考的问题。"[②]要摆脱困境,需要在找准问题根源的基础上,提出应对之策。2018年,在博鳌亚洲论坛开幕式上,习近平再次提出这个问题。他说:"放眼全球,当今世界正在经历新一轮大发展大变革大调整,人类面临的不稳定不确定因素依然很多。新一轮科技和产业革命给人类社会发展带来新的机遇,也提出前所未有的挑战。一些国家和地区的人民仍然生活在战争和冲突的阴影之下,很多老人、妇女、儿童依然饱受饥饿和贫穷的折磨。气候变化、重大传染性疾病等依然是人类面临的重大挑战。开放还是封闭,前进还是后退,人类面临着新的重大抉择。面对复杂变化的世界,人类社会向何处去?亚洲前途在哪里?我认为,回答这些时代之问,我们要不畏浮云遮望眼,善于拨云见

---

① 《习近平谈治国理政(第二卷)》,外文出版社2017年版,第476—477页。
② 《习近平谈治国理政(第二卷)》,外文出版社2017年版,第537页。

日,把握历史规律,认清世界大势。"①

面对关乎人类前途和命运的"时代之问",不能被乱花迷眼,而是要不畏浮云遮望眼,善用唯物辩证法冷静观察、科学分析,进而形成合理的应对方案。习近平说:"要树立世界眼光、把握时代脉搏,要把当今世界的风云变幻看准、看清、看透,从林林总总的表象中发现本质,尤其要认清长远趋势。"②具体到经济全球化问题,他一方面"端起历史规律的望远镜",从多个角度阐发了经济全球化的历史必然性及其推动社会发展、文明进步的积极意义,另一方面,又从构建人类命运共同体的高度,提出了"开放、包容、普惠、平衡、共赢"的新型经济全球化观,为破解"时代之问"指明了方向,其中蕴含的基本逻辑可以从下文几个方面进行观察。

二、理论逻辑:基于马克思世界历史理论视域观察经济全球化的必然性

在习近平看来,尽管当代经济全球化的"双刃剑"效应凸显,遭遇到"反全球化""逆全球化"的挑战,但是,从人类历史发展规律的高度观察,经济全球化是一种必然趋势。在这个问题上,他特别重视马克思主义世界历史理论所具有的理论意义和方法论价值。《共产党宣言》是马克思主义正式诞生的标志,也是马克思、恩格斯论述世界历史理论的代表作之一。在中共中央政治局纪念《共产党宣言》发表 170 年的集体学习会上,习近平强调,当前世界多极化、经济全球化、社会信息化、文化多样化深入发展,各国相互关联、相互依存程度之深前所未有,充分印证了马克思、恩格斯在《共产党宣言》中所作的科学预见③。在纪念马克思诞辰 200 周年大会上,他进一步分析指出:"学习马克思,就要学习和实践马克思主义关于世界历史的思想。马克思、恩格斯说:'各民族的原始封闭状态由于日益完善的生产方

---

① 习近平:《论坚持推动构建人类命运共同体》,中央文献出版社 2018 年版,第 521 页。
② 《习近平谈治国理政(第二卷)》,外文出版社 2017 年版,第 442 页。
③ 《中共中央政治局就〈共产党宣言〉及其时代意义举行第五次集体学习》,《光明日报》,2018 年 4 月 25 日。

式、交往以及因交往而自然形成的不同民族之间的分工消灭得越是彻底,历史也就越是成为世界历史。'马克思、恩格斯当年的这个预言,现在已经成为现实,历史和现实日益证明这个预言的科学价值。"①

马克思主义世界历史理论之所以受到重视,因为这一理论深刻揭示了近代以来人类社会从地域性发展逐渐转变为世界性发展的进程、本质和规律。在一定意义上,该理论就是马克思主义的全球化理论。阅读马克思、恩格斯著作不难发现,尽管并未出现过"经济全球化"或"全球化"之类的词语,但是这并不妨碍他们对经济全球化趋势和发展规律的深刻剖析。事实上,全球化问题是贯穿他们一生理论活动的重要议题,研究范围不仅囊括了当代全球化的问题几乎所有方面:从国际分工、国际贸易、国际价值到世界货币、世界文学,从国际剥削、国际投资到殖民主义、民族问题等,而且还用大量篇幅讨论了国际主义、世界革命、全球化与共产主义等问题。早在《1844年经济学哲学手稿》中,马克思就论述了工业资本作为私有财产的完成形式所具有的"世界历史性的力量",同时他指出,共产主义作为扬弃私有财产的革命运动,将在私有财产的运动中找到自己的经验基础和理论基础②。而后,在《德意志意识形态》《共产党宣言》《1857—1858年经济学手稿》《资本论》等著作中,他进一步"详细论述了世界贸易、世界市场、世界历史等问题。《共产党宣言》指出:'资产阶级,由于开拓了世界市场,使一切国家的生产和消费都成为世界性的了。'马克思、恩格斯的这些洞见和论述,深刻揭示了经济全球化的本质、逻辑、过程,奠定了我们今天认识经济全球化的理论基础"③。这其中,他们关于经济全球化历史必然性的思想对于当下认识、把握和认清世界经济大趋势具有直接的指导意义,这就是马克思提出的"历史转变为世界历史"的思想和世界历史发展机制的思想。前者集中阐述了经济全球化作为历史趋势兴起的必然性,后者则揭示了经济全球化从低级到高级阶段发展的必然性。

"历史转变为世界历史"是人类进入近代以后的历史大趋势,习近平将

---

① 习近平:《在纪念马克思诞辰200周年大会上的讲话》,《人民日报》,2018年5月5日。
② 马克思:《1844年经济学哲学手稿》,人民出版社2000年版,第77、82页。
③ 《习近平谈治国理政(第二卷)》,外文出版社2017年版,第210—211页。

其概括为一条历史规律,即"人类社会最终将从各民族的历史走向世界历史"①。这个转变的过程之所以是必然的,在于社会生产的主导方式从前现代到现代的历史性变迁是不可逆转的。每个时代的社会生产都有一种支配性的、主导的生产关系,深刻影响着其他类型的生产关系,马克思称之为"普照的光"。土地或土地所有制是前现代社会"普照的光",社会生产的根本目的不是获取价值或追求价值增殖,而是获得使用价值以满足生存需要。虽然也存在商品生产和商品交换,其目标依然是使用价值,用公式表达即 W-G-W。这就决定了生产规模的有限性、交往范围的狭隘性,近代以前,各民族和地区之所以在孤立的点独自发展,根本原因正在于此。资本就是现代社会"普照的光""一切权力的中心",其本质上是一种"绝对的致富欲"。马克思说:"资本只有一种生活本能,这就是增殖自身,创造剩余价值。"②使用价值不再是生产目的,无止境的价值增殖才是绝对原则、最高目标,用公式表达即 G-W-G。资本追求自我增殖的无限性决定了生产规模的扩张性,决定了整个生产过程高度依赖商品、货币流通,依赖于流通范围的不断扩大。在这个过程中,国际分工的发展、交通通信技术的进步、世界交往的扩大等的确发挥了重要作用,但是归根结底取决于资本逻辑。换言之,正是由于资本自我增殖的需要,上述因素才被整合为一股磅礴的经济力量,冲破了前现代社会种种自然的、人为的藩篱和障碍,逐渐将原本隔绝的民族和地区连成一片。

在如此这般强大的现代生产面前,规模有限、技术低下的前现代生产自然无法抵御,要么被消灭,要么被迫转变,融入现代生产之中,成为资本运动的一部分,于是,民族史转变为世界历史就成为不可抵挡的时代潮流。《共产党宣言》简明扼要地描述了这个过程:"资产阶级,由于开拓了世界市场,使一切国家的生产和消费都成为世界性的了。……物质的生产是如此,精神的生产也是如此。……由于一切生产工具的迅速改进,由于交通的极其便利,把一切民族甚至最野蛮的民族都卷到文明中来了。……它迫

---

① 《习近平关于社会主义经济建设论述摘编》,中央文献出版社 2017 年版,第 298 页。
② 《马克思恩格斯文集(第五卷)》,人民出版社 2009 年版,第 269 页。

使一切民族——如果它们不想灭亡的话——采用资产阶级的生产方式;它迫使它们在自己那里推行所谓的文明,即变成资产者。一句话,它按照自己的面貌为自己创造出一个世界。"①

世界历史发展机制的思想揭示了经济全球化从低级阶段到高级阶段发展的必然性。从发生学的角度观察,地理大发现开启了民族史转变为世界历史的曲折进程,产业革命的胜利最终确立了以英帝国为中心的"东方从属于西方"的世界体系②,标志着人类社会真正进入了经济全球化时代。按照马克思的看法,尽管经济全球化的发展经常被周期性的经济危机打断,但是它从低级阶段到高级阶段的发展,是一个自然历史过程。推动这个过程的根本动力是以增殖欲望为本性的资本原则或资本逻辑,"资本作为财富一般形式——货币——的代表,是力图超越自己界限的一种无限制的和无止境的欲望。任何一种界限都是而且必然是对资本的限制。否则它就不再是资本即自我生产的货币了"③。在这个意义上,马克思说:"创造世界市场的趋势已经直接包含在资本的概念本身中。"④

作为实现资本欲望的载体和途径,资本主义生产表现为在全球范围的自我复制和不断扩张。从实际内容看,这是一个解构和建构二位一体的过程,一方面,摧毁一切阻碍资本增殖的传统生产,以及相应的自然力量和精神力量的限制,代之以资本为基础的生产,其表现就是越来越多的落后国家、地区和生产领域被纳入资本的世界体系。也就是说,历史转变为世界历史的进程并不是一蹴而就的,人类进入经济全球化时代以后,这个过程仍然在继续。但是,不论是早还是晚,经济全球化过程的本质是相同的,即"推广以资本为基础的生产或与资本相适应的生产方式"⑤。另一方面,通过绝对剩余价值、相对剩余价值生产提升和拓展资本关系的控制力量及活动领域。前者表现为现代生产在空间上的扩展,既表现为生产部门数量的增加,也表现为生产覆盖范围的扩大;后者表现为随着

---

① 《马克思恩格斯选集(第一卷)》,人民出版社1995年版,第276页。
② 《马克思恩格斯选集(第一卷)》,人民出版社1995年版,第277页。
③ 《马克思恩格斯全集(第三十卷)》,人民出版社1995年版,第297页。
④ 《马克思恩格斯全集(第三十卷)》,人民出版社1995年版,第388页。
⑤ 《马克思恩格斯全集(第三十卷)》,人民出版社1995年版,第388页。

技术进步、资本流通速度的加快,现代生产和交换在时间上的压缩,即尽可能提高资本增殖效率,而竞争则是推动经济全球化升级换代的重要动力和手段。

三、历史逻辑:站在世界历史的角度透视经济全球化的进步意义

从某种意义上讲,一部波澜壮阔的人类史,就是交往领域由单一到多样、交往范围从地域性走向国际性、世界性的历史。由于生产力水平、分工程度所限,交往实践的地域性、狭隘性构成了自然经济时代的主基调,而这恰好从反面凸显出不同文明间的跨地域交往对于历史进步的推动作用。经济全球化与市场经济时代同步到来,使得世界性的普遍交往成为一种经济与社会生活的常态,近代以来的科学技术、物质财富之所以取得空前的成就,一个重要的原因就是全球化放大了交往实践特有的保存、传播文明的作用。诚然,当今世界经济和经济全球化正面临着巨大挑战、众多质疑,然而,放宽观察的视野不难发现,这不过是人类漫长的交往实践变迁史的短暂插曲,无论回顾历史,还是立足当下,经济全球化趋势及其积极作用都是不容抹杀的。对此,习近平从世界历史和现实相结合的角度进行了有力论证。

首先,从世界历史的宽广视域,揭示普遍交往尤其是文明交流互鉴的历史进步意义,明确提出了"文明交流互鉴,是推动人类文明进步和世界和平发展的重要动力"的重要观点①。这一具有创新意蕴的文明观的明确表述见于2014年3月27日习近平在联合国教科文组织总部的演讲,此后又在多个重大场合反复阐发,成为构建人类命运共同体、推动"一带一路"建设的根本理念之一。在2017年1月18日联合国日内瓦总部的题为"共同构建人类命运共同体"的演讲中,他说:"文明差异不应该成为世界冲突的根源,而应该成为人类文明进步的动力。"②,同年5月14日,在"一带一路"国际合作高峰论坛开幕式上,他主张:"'一带一路'建设要以文明交流超越

---

① 《习近平谈治国理政》,外文出版社2014年版,第258页。
② 习近平:《论坚持推动构建人类命运共同体》,中央文献出版社2018年版,第421页。

文明隔阂、文明互鉴超越文明冲突、文明共存超越文明优越,推动各国相互理解、相互尊重、相互信任。"①事实上,在习近平那里,这个观点是一以贯之的。2005年11月8日在第三届全球化论坛的致辞中,他说:"文化多样性是一个关系到人类文明续存的根本问题,是人类社会可持续发展的源泉。只有尊重文化的多样性,才能建设一个和谐的世界!"②2009年10月13日,在第六十一届法兰克福国际书展开幕式上的致辞中,他说:"推动世界各国文化进一步交流,不但是各国人民的热切愿望,也是推动人类文明进步与世界和平发展的重要动力。"③

"交流互鉴"构成文明进步的重要动力,这是由数千年来的人类历史反复证明的一条真理,是习近平基于对人类文明进程的深入思考得出具有创新性的观点。从宏观上看,人类自从进入文明时代以后,无论是农耕时代,还是工业时代、后工业时代,各种文明类型之所以多姿多彩、各领风骚,一个重要原因,就是各个文明体之间的交往交流、互学互鉴在每个历史时代都从未间断过。尽管农耕时代的生产分工落后、交通工具简陋,加上高山、沙漠、海洋等自然条件的阻隔,制约了人类交往的范围和频率,但是跨地域的民族、国家间交流的努力始终不绝如缕。其中,最著名的就是横贯欧亚非三大洲的陆上丝绸之路和辐射太平洋、印度洋的海上丝绸之路,覆盖区域之广大、绵延时间之漫长、参与民族数量之众多,都堪称人类文明史上的奇迹。仅就陆上丝绸之路来说,就跨越黄河长江流域、恒河和印度河流域、两河流域、尼罗河流域,贯通古中华文明、印度文明、巴比伦文明、埃及文明的发祥地,后又经过伊斯兰文明的中转,远及基督教文明所在地区。经由这条商贸和知识交流交往通道,佛教、伊斯兰教以及阿拉伯的天文、历法、医药相继传入中国,融入中华文明;以四大发明为代表的中国古代科学技术传向世界,促进了其他文明的进步发展。在这个意义上,习近平说:"人类社会的发展过程,就是各种文明不断交流、融合、创新的过程。人类历史

---

① 习近平:《论坚持推动构建人类命运共同体》,中央文献出版社2018年版,第437—438页。
② 习近平:《干在实处　走在前列:推进浙江新发展的思考与实践》,中共中央党校出版社2006年版,第295页。
③ 习近平:《加强文化交流　促进世界和平——在第六十一届法兰克福国际书展开幕式上的致辞》,《人民日报》,2009年10月14日。

上各种不同文明都以各自的独特方式为人类进步作出了重要贡献。"①"人类历史就是一幅不同文明相互交流、互鉴、融合的宏伟画卷。"②

就单个文明体来说,同样离不开与其他文明的交往交流、互通有无,在完全孤立封闭状态下发生发展的文明是不存在的。对此,习近平以中华文明为例进行了详细阐述。中华文明作为东方文明的代表,不仅是生于斯长于斯的各个民族的智慧创造,同时也是在与其他文明不断交流互鉴中发展起来的。根据考古显示,早在先秦时期,东西方之间的陆上贸易往来已经存在,丝绸之路作为连接中华文明与西域文化大通道,正式形成于西汉汉武帝时期。张骞先后于公元前138年、公元前119年两次出使西域,开始打通东方通往西方的道路,完成了"凿空之旅"。同样是西汉,中国的船队到达印度和斯里兰卡,海上丝绸之路初见端倪。到唐朝时期,陆上丝绸之路到达鼎盛时期,海上丝绸之路同步发展。以丝绸、瓷器等为代表的中华文化远播中亚、地中海,来自西域的葡萄、苜蓿、石榴、芝麻、胡麻等,以及来自南亚的琉璃、珍珠等源源不断地传入中国,成为中华文明的有机部分。器物文明如此,精神文化也是如此。其典型就是诞生在南亚大陆的佛教,传入中国后,与儒家、道家文化融合发展,最终形成具有中国特色的佛教文化,深刻影响了中国人的宗教信仰、哲学观念、文学艺术、礼仪习俗等,不仅如此,佛教还经由中国传播到日本、韩国以及东南亚等地,对这些地区的文化发展发挥了积极作用。所以,习近平说:"中华文明是在中国大地上产生的文明,也是同其他文明不断交流互鉴而形成的文明。"③"在长期演化过程中,中华文明从与其他文明的交流中获得了丰富营养,也为人类文明进步作出了重要贡献。"④

其次,从近代以来人类历史发展大趋势的角度,阐述经济全球化的历史进步意义。如前所述,各种文明之间的交流互鉴贯穿于人类历史进程的各个时期,差别在于交流互鉴的频率、深度和广度总是随着生产力和科技

---

① 习近平:《加强文化交流 促进世界和平——在第六十一届法兰克福国际书展开幕式上的致辞》,《人民日报》,2009年10月14日。
② 习近平:《论坚持推动构建人类命运共同体》,中央文献出版社2018年版,第256页。
③ 习近平:《论坚持推动构建人类命运共同体》,中央文献出版社2018年版,第78页。
④ 习近平:《论坚持推动构建人类命运共同体》,中央文献出版社2018年版,第162页。

水平的差异各不相同。如果说古代丝绸之路是交往、交流频度普遍较低的农业文明、自然经济时代一抹独特的亮色,那么,经济全球化则是人类进入工业文明、市场经济时代的交往常态,标志着文明的交流互鉴进入了高频次发展区间,在这个意义上,习近平明确将经济全球化概括为现代社会发展的一种历史大趋势,相应地,开放发展成为一种普遍的历史潮流。"综合研判世界发展大势,经济全球化是不可逆转的时代潮流。"①在首届中国国际进口博览会开幕式上,习近平说:"世界上的有识之士都认识到,经济全球化是不可逆转的历史大势,为世界经济发展提供了强劲动力。说其是历史大势,就是其发展是不依人的意志为转移的。人类可以认识、顺应、运用历史规律,但无法阻止历史规律发生作用。历史大势必将浩荡前行。回顾历史,开放合作是增强国际经贸活力的重要动力。立足当今,开放合作是推动世界经济稳定复苏的现实要求。放眼未来,开放合作是促进人类社会不断进步的时代要求。"②

自从地理大发现拉开世界各国普遍交往的序幕之后,经济全球化就逐渐成为不可阻挡的历史潮流,这就是马克思所说的"历史转变为世界历史"的趋势。马克思根据当时的情景,将这个趋势的最初进程分为三个时期,并进行深入研究,这就是15世纪末到16世纪初的启动时期、16世纪中叶到18世纪末叶的商业资本主导时期、19世纪初产业革命之后的产业资本主导时期。恩格斯、列宁对经济全球化之后的发展也进行过探讨。在此基础上,习近平明确提出:"人类社会最终将从各民族的历史走向世界历史。"③同时,他结合世界历史在20世纪和21世纪初的发展,重新勾画了经济全球化的历史轨迹:一是"殖民扩张和世界市场形成阶段",这个阶段跨度最长,上起马克思所说的几个时期,下至第一次世界大战前,西方国家靠巧取豪夺、强权占领、殖民扩张,基本完成了对世界的瓜分,世界各地区各民族都被卷入资本主义世界体系之中。"二是两个平行世界市场阶段,第

---

① 习近平:《开放共创繁荣 创新引领未来——在博鳌亚洲论坛2018年年会开幕式上的主旨演讲》,《人民日报》,2018年4月11日。
② 习近平:《共建创新包容的开放型世界经济——在首届中国国际进口博览会开幕式上的主旨演讲》,《人民日报》,2018年11月6日。
③ 《习近平关于社会主义经济建设论述摘编》,中央文献出版社2017年版,第298页。

二次世界大战结束后,一批社会主义国家诞生,殖民地半殖民地国家纷纷独立,世界形成社会主义和资本主义两大阵营,在经济上则形成了两个平行的市场。三是经济全球化阶段,随着冷战结束,两大阵营对立局面不复存在,两个平行的市场随之不复存在,各国相互依存大幅加强,经济全球化快速发展演化"①。

由上可见,尽管受到两次世界大战的冲击和"冷战"的隔绝,但是经济全球化始终以不可阻挡之势一往无前,演变为历史大势、时代潮流。究其原因,在于它以交往变革的形式适应了现代化大生产发展的客观需要,从而极大促进了社会生产力的发展和科学技术的进步。马克思、恩格斯在《共产党宣言》中生动描绘了资产阶级奔走于全球各地,开拓世界市场,按照自己的面貌建立全球化联系的历史情景,并充分肯定了物质生产和精神生产全球化对推动人类文明进步的历史性贡献。"资产阶级在它的不到一百年的阶级统治中所创造的生产力,比过去一切世代创造的全部生产力还要多,还要大。自然力的征服,机器的采用,化学在工业和农业中的应用,轮船的行驶,铁路的通行,电报的使用,整个整个大陆的开垦,河川的通航,仿佛用法术从地下呼唤出来的大量人口,——过去哪一个世纪料想到在社会劳动里蕴藏有这样的生产力呢?"②

上述情景一再被经济全球化后来的发展证实。尤其是新一轮的经济全球化,其推动和促进作用更加鲜明。大体说来,第二次世界大战之后的经济全球化进程可分为开始提速(1946—1986年)、加速发展(1987—2008年)两个阶段。其间虽有调整,但是贸易、投资自由化的持续扩张构成这一时期经济全球化的主基调,其中,加速发展阶段的世界GDP实际增速保持在2%—3.98%之间。其推动因素主要有:制造业国际生产分工的不断深化、细化;开放发展的中国成为经济全球化的最大加速器;来自欧美、日本的跨国公司垄断了全球生产的60%、全球贸易的80%、国际直接投资的90%,在全球生产和贸易中扮演了重要角色;在全球经济治理层面的标志性事件则是世界贸易组织的成立和中国加入世贸组织。经济全球化的持

---

① 《习近平谈治国理政(第二卷)》,外文出版社2017年版,第211页。
② 《马克思恩格斯选集(第一卷)》,人民出版社1995年版,第277页。

续推进为各国经济发展创造了条件,从战后德国、日本的崛起,到亚洲"四小龙"的经济腾飞,包括世界瞩目的中国奇迹,都是这一大背景下实现的。"本世纪初以来,在联合国主导下,借助经济全球化,国际社会制定和实施了千年发展目标和2030年可持续发展议程,推动11亿人口脱贫,19亿人口获得安全饮用水,35亿人口用上互联网等,还将在2030年实现零贫困。这充分说明,经济全球化的大方向是正确的。"①正是在这个意义上,习近平指出:"经济全球化是社会生产力发展的客观要求和科技进步的必然结果,不是哪些人、哪些国家人为造出来的。经济全球化为世界经济增长提供了强劲动力,促进了商品和资本流动、科技和文明进步、各国人民交往。"②

四、现实逻辑:站在时代发展的新起点推进经济全球化的再平衡

习近平强调经济全球化是"时代潮流""历史大势",并不是要回避问题,而是为了消除种种"逆全球化"思潮的误导,明确前进的方向,坚定前行的信心和定力,为更好地正视问题、解决问题确定基本的前提。为此,习近平的思考和研究集中在两个方面:一是运用辩证思维把脉经济全球化的当代发展,确立观察当代经济全球化问题的科学方法;二是在人类命运共同体理念下实现经济全球化的再平衡。

首先,应当坚持唯物辩证法的两点论,理性、全面、准确地审视和把握世界局势与经济全球化当代发展的新特点、新问题及其症结所在。所谓两点论,就是要以宽阔的视野、长远的眼光,从变与不变两方面分析世界大势、时代潮流:"要充分估计国际格局发展演变的复杂性,更要看到世界多极化向前推进的态势不会改变。要充分估计世界经济调整的曲折性,更要看到经济全球化进程不会改变。要充分估计国际矛盾和斗争的尖锐性,更要看到和平与发展的时代主题不会改变。要充分估计国际秩序之争的长期性,更要看到国际体系变革方向不会改变。要充分估计我国周边环境中

---

① 《习近平谈治国理政(第二卷)》,外文出版社2017年版,第543页。
② 《习近平谈治国理政(第二卷)》,外文出版社2017年版,第477页。

的不确定性,更要看到亚太地区总体繁荣稳定的态势不会改变。"①只有这样才能在纷繁复杂的形势中不迷失方向,对世界大势、时代潮流做出正确的判断。在这个问题上,最忌讳的是形而上学的思维方法:当世界经济繁荣增长、形势大好时,把经济全球化视为"阿里巴巴的山洞",似乎打开国门、融入全球化就可以要风得风、要雨得雨,万事大吉;当世界各地乱象丛生、全球性问题此起彼伏时,就认为经济全球化是"潘多拉的盒子"②。过度美化或抹黑丑化都无助于问题的分析、困境的化解。基于上述思维方法,习近平对经济全球化做出了独特分析。

关于经济全球化当代发展的新特点。习近平分析指出,经济全球化促进了全世界贸易大繁荣、投资大便利、人员大流动、技术大发展,使得世界各国相互依存、彼此交融的广度、深度前所未有,已经形成"你中有我、我中有你"的命运共同体。2013年3月23日,习近平在俄罗斯莫斯科国际关系学院发表演讲时认为,当今时代风云变幻、当代世界日新月异,表现之一就是各国依存度的空前增强。他说:"这个世界,各国相互联系、相互依存的程度空前加深,人类生活在同一个地球村里,生活在历史和现实交汇的同一个时空里,越来越成为你中有我、我中有你的命运共同体。"③2015年10月访问英国时,习近平指出:"当今世界,相互联系、相互依存是大潮流。随着商品、资金、信息、人才的高度流动,无论近邻还是远交,无论大国还是小国,无论发达国家还是发展中国家,正日益形成利益交融、安危与共的利益共同体和命运共同体。"④2018年4月10日在博鳌亚洲论坛开幕式上,习近平强调:"世界已经成为你中有我、我中有你的地球村,各国经济社会发展日益相互联系、相互影响,推进互联互通、加快融合发展成为促进共同繁荣发展的必然选择。"⑤

应当承认,"共同体"局面的形成是经济全球化长期演化的历史结果,特别是新一轮全球化快速推进的直接后果,对人类进步、社会发展的促

---

① 《习近平谈治国理政(第二卷)》,外文出版社2017年版,第442页。
② 《习近平谈治国理政(第二卷)》,外文出版社2017年版,第477页。
③ 习近平:《论坚持推动构建人类命运共同体》,中央文献出版社2018年版,第5页。
④ 习近平:《论坚持推动构建人类命运共同体》,中央文献出版社2018年版,第271页。
⑤ 习近平:《论坚持推动构建人类命运共同体》,中央文献出版社2018年版,第521—522页。

作用是不容否定的,也为破解现实困境、筹划未来发展奠定了新的基础。中国作为这一轮经济全球化的积极参与者,奉行全面开放的发展战略,充分利用世界贸易规则和多边贸易体制,国民经济实现了持续高速增长,创造了所谓的"中国奇迹",成为世界第二大经济体。中国作为经济全球化的受益者,拥护自由贸易、倡导多边主义就成为自然而然的政策选择,而以美国为首的西方国家,面对力量对比的变化,则纷纷举起了保护主义的大旗。于是,历史出现了戏剧性的一幕,中国取代西方国家,成为经济全球化的主要推动者。对此,习近平总结说:"20年前甚至15年前,经济全球化的主要推手是美国等西方国家,今天反而是我们被认为是世界上推动贸易和投资自由化便利化的最大旗手,积极主动同西方国家形形色色的保护主义作斗争。这说明,只要主动顺应世界发展潮流,不但能发展壮大自己,而且可以引领世界发展潮流。"①

关于经济全球化当代发展的新问题。习近平认为,经济全球化进入调整期,全球化的"双刃剑"效应凸显,全球性问题和挑战集中爆发。从冷战结束至2008年的金融海啸,世界经济和经济全球化经过了将近20年的快速扩张之后,以中国为代表的新兴经济体快速崛起,导致不同地区和国家的力量对比发生了明显变化,世界历史进入了一个全新的发展时期——"大发展大变革大调整时代",人类正面临着"百年未有之大变局"。"世界多极化、经济全球化、社会信息化、文化多样化深入发展,和平发展的大势日益强劲,变革创新的步伐持续向前。各国之间的联系从来没有像今天这样紧密,世界人民对美好生活的向往从来没有像今天这样强烈,人类战胜困难的手段从来没有像今天这样丰富。"②然而,金融海啸以极端的方式引爆了被经济扩张、经济繁荣掩盖的和平赤字、发展赤字、治理赤字、环境赤字等诸多问题,世界经济增长放缓,国际贸易和投资低迷,"逆全球化"、反全球化有所蔓延,各种形式的保护主义成为一些国家的首选,经济全球化从此进入了阶段性调整期。

关于导致经济全球化困境的症结。在这个问题上,习近平强调,应当

---

① 《习近平谈治国理政(第二卷)》,外文出版社2017年版,第212页。
② 《习近平谈治国理政(第二卷)》,外文出版社2017年版,第508页。

杜绝两种错误做法：一是把当今世界出现的种种问题和困扰统统归咎于全球化；二是以全球化的负面效应为由对其全盘否定。关于前者，正确的做法是具体问题具体分析，比如，中东、北非难民潮形成的根源是战乱、冲突、地区动荡，导致国际金融危机的原因是金融资本过度逐利、金融监管严重缺失，这些问题与经济全球化并无直接关系。关于后者，经济全球化的双刃剑效应是客观存在的，也确实带来了一些新问题，但是因此把"经济全球化一棍子打死"是不足取的，因为世界上没有十全十美的事物，经济全球化也是如此，理性的态度是直面问题，"充分利用一切机遇，合作应对一切挑战，引导好经济全球化走向"①。

基于这种建设性的立场，习近平深刻揭示了世界经济、经济全球化陷入困境的原因，即全球增长动能不足、全球经济治理滞后、全球发展失衡三大突出矛盾没有得到有效解决。所谓全球增长动能不足，是指"科技进步、人口增长、经济全球化等过去数十年推动世界经济增长的主要引擎都先后进入换挡期，对世界经济的拉动作用明显减弱。上一轮科技进步带来的增长动能逐渐衰减，新一轮科技和产业革命尚未形成势头。主要经济体先后进入老龄化社会，人口增长率下降，给各国经济社会带来压力"②。所谓全球经济治理滞后，是指全球治理体系未能反映国际经济力量对比的深刻变化，尤其是新兴市场国家和发展中国家整体实力的增强。"全球产业布局在不断调整，新的产业链、价值链、供应链日益形成，而贸易和投资规则未能跟上新形势，机制封闭化、规则碎片化十分突出。全球金融市场需要增强抗风险能力，而全球金融治理机制未能适应新需求，难以有效化解国际金融市场频繁动荡、资产泡沫积聚等问题。"③所谓全球发展失衡，是指经济增长缺乏包容性、普惠性，没有惠及广大群众，反而拉大、加剧了全球贫富差距，"全球最富有的百分之一人口拥有的财富量超过其余百分之九十九人口财富的总和，收入分配不平等、发展空间不平衡令人担忧。全球仍

---

① 习近平：《论坚持推动构建人类命运共同体》，中央文献出版社2018年版，第403页。
② 习近平：《论坚持推动构建人类命运共同体》，中央文献出版社2018年版，第378页。
③ 习近平：《论坚持推动构建人类命运共同体》，中央文献出版社2018年版，第404页。

然有七亿多人口生活在极端贫困之中"①。

其次,树立和践行人类命运共同体理念,引导和推动经济全球化实现再平衡。面对经济全球化的"双刃剑"效应,许多国家和国际组织给出了不同的应对方案,代表性的有两类:一是以"英国脱欧""美国第一"为标志的反全球化或逆全球化方案。这些国家作为经济全球化曾经的受益者,不愿接受世界多极化的事实,试图以花样百出的贸易保护延续既得地位和利益。二是以欧盟、中国等为代表的多边主义方案,主张通过改革全球治理体系,建立公平合理的国际经济政治秩序,为世界经济和全球化走出低谷创造条件。构建人类命运共同体是破解"时代之问"的中国方案。2015年9月28日,习近平在纽约联合国总部的演讲中提出,应对经济全球化带来的新机遇、新挑战、新威胁,世界各国应当继承和弘扬联合国宪章的宗旨和原则,"构建以合作共赢为核心的新型国际关系,打造人类命运共同体"②。2017年1月18日,习近平在联合国日内瓦总部的演讲中进一步指出,面对"世界怎么了、我们怎么办?"的时代困惑,"中国方案是:构建人类命运共同体,实现共赢共享"③。同时提出各国协同努力的五个着力点,即伙伴关系、安全格局、经济发展、文明交流、生态建设。构建人类命运共同体理念的提出,为破解"时代之问"提供了新思路、新方案。

事实上,英美要延续的是第一次工业革命后形成的所谓世界体系和国际秩序。在这个体系中,资本"正像它使农村从属于城市一样,它使未开化和半开化的国家从属于文明的国家,使农民的民族从属于资产阶级的民族,使东方从属于西方"④。然而,从根本上说,当今时代经济全球化的"双刃剑"效应正是源于作为"决定性力量"的资本逻辑,因为资本逻辑本身具有双重性:即在"疯狂地发展生产力"的同时⑤,导致经济社会的全面异化。如果说以此基础发展而来的当今世界可以称为命运共同体的话,那么,真正的主导者和最大获利者仍然是极少数发达国家或资本家集团。如若任

---

① 习近平:《论坚持推动构建人类命运共同体》,中央文献出版社2018年版,第404页。
② 《习近平谈治国理政(第二卷)》,外文出版社2017年版,第522页。
③ 《习近平谈治国理政(第二卷)》,外文出版社2017年版,第539页。
④ 《马克思恩格斯选集(第一卷)》,人民出版社1995年版,第276—277页。
⑤ 《马克思恩格斯全集(第三十卷)》,人民出版社1995年版,第304页。

由此方案大行其道,"时代之问"必定无解。与单边主义方案相比,中国方案的突出特点是,跳出单纯经济问题、单一国家利益的狭隘眼界,站在各国共建一个共赢、共享的美好世界的高度,对全球化问题进行综合全面考量,可谓立意高远、视野开阔,同时又兼顾了各方的利益诉求。

一方面,中国提出的人类命运共同体作为"一个和睦的大家庭""五位一体"的美好世界,是对资本世界的整体性变革和超越。恩格斯在谈到无产阶级革命的最终目标时特别强调,这不是简单地用新政权的新的阶级统治代替资产阶级统治,而是要用一个消除阶级和阶级对立的联合体来代替旧的市民社会①。同样地,习近平倡导的人类命运共同体理念追求的不是再造另一个资本世界或市民社会,而是要按照共赢、共享的原则,把人类生于斯、长于斯的这个星球建成一个和睦的大家庭,把世界各国人民对美好生活的向往变成现实②。具体来说,就是"建设持久和平、普遍安全、共同繁荣、开放包容、清洁美丽的世界"③。不难发现,这一构想有两个鲜明特点:一是系统性地回应威胁人类生存和发展的全球性问题,即治理赤字、信任赤字、和平赤字、发展赤字和生态危机,强调以共同体意识和思维破解每个方面的问题,而不是孤立对待、分别处理某一局部问题。二是倡导共商、共建、共赢、共享的新价值理念,反对强权政治、冷战思维、零和博弈、以邻为壑等过时、错误的价值观和做法,主张国家不分大小、强弱、贫富一律平等,都有权利参与全球治理体系的改革和建设,都有权利共享发展机会和发展成果,而不是由一个国家、少数国家说了算。

另一方面,在推进构建人类命运共同体的整体进程中努力实现经济全球化的再平衡。在资本塑造的现有世界体系中,发达经济体掌控着世界经济、科技发展的主导权,始终是经济全球化的最大受益者,本国下层民众和广大发展中国家无法分享经济增长的红利,一旦遇到世界性的经济危机,他们便沦为直接受害者。这是当前经济全球化陷入困境、反全球化兴起的重要原因之一。针对这种状况,习近平在勾画构建人类命运共同体美好愿

---

① 《马克思恩格斯选集(第一卷)》,人民出版社1995年版,第194页。
② 习近平:《论坚持推动构建人类命运共同体》,中央文献出版社2018年版,第510页。
③ 习近平:《论坚持推动构建人类命运共同体》,中央文献出版社2018年版,第491页。

景的同时,明确提出经济全球化再平衡的重大课题,作为建设一个"共同繁荣"的世界的具体举措,重点是要解决"公平公正问题,引领经济全球化向更加包容普惠的方向发展"①。具体来说就是,各国加强宏观协调、完善全球经济治理,反对各种形式的贸易保护,反对经济霸凌、赢家通吃,"推动建设一个开放、包容、普惠、平衡、共赢的经济全球化,既要做大'蛋糕',更要分好'蛋糕',着力解决公平公正问题"②。在提出上述倡议的同时,中国不仅在国际重大场合积极倡导国际合作、多边主义,主张建立公正合理的全球经济治理模式,而且提出并大力推进"一带一路"的扩大对外开放、加强国际合作的新倡议,与世界各国尤其是发展中国家共享中国的发展经验和发展机遇,为实现经济全球化的再平衡、经济增长的共赢共荣贡献了中国力量。

---

① 习近平:《面向未来开拓进取 促进亚太发展繁荣——在亚太经合组织第二十四次领导人非正式会议第一阶段会议上的发言》,《人民日报》,2016年11月22日。
② 《习近平谈治国理政(第二卷)》,外文出版社2017年版,第543页。

习近平生态安全观解读

张光紫

【摘要】 生态安全观是习近平新时代中国特色社会主义思想的重要内容。生态安全的本质是生存安全;生态安全是国家安全的基础和载体。着力"维护生态安全",要树立"尊重自然、顺应自然、保护自然"的理念;推动形成绿色发展方式和生活方式;实行严厉的生态法治;加强生态保护的全球合作。

【关键词】 习近平;生态安全,生态安全本质;全球合作

【作者简介】 张光紫(1983—),博士在读,上海政法学院讲师。主要研究方向:马克思主义与当代中国、高校思想政治教育。

习近平总书记在党的十九大报告中将坚持"总体国家安全观"列为新时代坚持和发展中国特色社会主义的基本方略。他指出:"国家安全是安邦定国的重要基石,维护国家安全是全国各族人民根本利益所在。"①生态安全观是总体国家安全观不可分割的重要构成。从理论上揭示生态安全的本质、特征及其意义,从战略上谋划、设计、维护生态安全的方针、政策、

---

① 习近平:《决胜全面建成小康社会 夺取新时代中国特色社会主义伟大胜利——在中国共产党第十九次全国代表大会上的报告》,人民出版社2017年版,第49页。

举措,是习近平新时代中国特色社会主义思想中的重要内容。深刻领会习近平生态安全观的科学内涵,对于提高对生态文明建设的战略意义的认识,增强生态文明建设实践中战略思维的运用,推进现代化强国之"美丽中国"目标的早日实现,具有重要的理论意义和实践价值。

一、生态安全是国家安全的基础和载体

生态安全是指生态系统保持过程连续、结构稳定和功能完整的一种超稳定状态①。生态是否安全,是相对于人类而言的。安全的生态系统有利于经济活动效率的提高,有利于人类健康和生活质量的提高,避免因自然资源衰竭、资源生产率下降、环境污染和退化给社会生活和生产造成的短期灾害与长期不利影响,实现经济社会的可持续发展②。生态安全的本质是生存安全,生态安全是国家安全的基础和载体。着力维护生态安全,是新时代坚持和发展中国特色社会主义基本方略的重要内容。

(一)生态安全的本质是生存安全

生存安全是生态安全的最本质特征。2016年,习近平总书记在全国卫生与健康大会上的讲话中一再强调:"良好的生态环境是人类生存与健康的基础。""绿水青山不仅是金山银山,也是人民群众健康的重要保障。"③

1. 良好的生态环境是人类的容身之所、立足之基

人类与环境的关系,是相互依存又相互影响、相互制约的对立统一的辩证关系。在这一关系中,环境对人的制约性始终处于主导地位。在人类社会的初期,丰富的食物来源、安全的居所,是人得以生存的基本条件,因此"逐水草而居"成为常态。此时,人类几乎完全依靠自然而生活。马克思指出:"'人类依靠自然生活'意味着自然是他的躯体,如果他要活着,他就必须保持与它不断交流。"④

---

① 王朝科:《建立生态安全评价指标体系的几个理论问题》,《统计研究》2009年第3期。
② 王朝科:《建立生态安全评价指标体系的几个理论问题》,《统计研究》2009年第3期。
③ 中共中央文献研究室编:《习近平关于社会主义生态文明建设论述摘编》,中央文献出版社2017年版,第90页。
④ 《马克思恩格斯全集(第42卷)》,人民出版社1982年版,第167—168页。

即使在生产力高度发达的今天,没有清新的空气、清洁的水源、无害的食品、安全的居住环境,人类仍然无法存活。习近平总书记指出:"对人的生存来说,金山银山固然重要,但绿水青山是人民幸福生活的重要内容,是金钱不能代替的。你挣到了钱,但空气、饮用水都不合格,哪有什么幸福可言。"①

从历史来看,文明产生于人烟稠密之处,而人烟稠密之处都是生态环境良好之地,所谓"生态兴则文明兴",生态环境一旦遭到破坏,变得恶劣,便留不住人。留不住人,文明也随之衰败,此类事例不胜枚举。从现实来看,由于生态系统遭到破坏,使人类丧失大量生存空间,并由此产生生态难民。如内蒙古阿拉善盟由于居延海干涸,迫使2.5万名牧民背井离乡。在青海、宁夏、甘肃以及海南等省区也相继出现了由于生态破坏而被迫迁移人口的事件②。

2. 良好的生态环境是人类的养生之仓、发展之源

衣食是人类赖以养生的最基本的物品,它们取之于自然,决定于生态。人类社会发展所需要的各种物质资源,同样取之于自然,决定于生态。据有关研究成果表明:仅从自然资本储备中直接流入社会的生态服务价值每年就约36万亿美元,这一数字接近全世界每年的生产总值39万亿美元,这就是生态系统惊人的经济价值所在③。

反之,环境的恶化、资源的短缺,会给一国的经济发展带来巨大的压力。以我国为例,虽然地大物博,物产资源丰富,但人均资源占有量少,比如土地、淡水、森林、矿产等资源人均占有量不及世界人均占有量的1/3。随着经济的发展,生态失衡日渐突出,我国生态环境脆弱,自然灾害频繁,人口的快速增长、经济的大发展加快了人们向大自然索取的步伐,植被遭到大面积破坏,水土流失、土地沙漠化日趋严重,生态环境的恶化使自然灾害加剧。日益恶化的生态环境和越来越匮乏的自然资源对我们实现全面

---

① 习近平:《决胜全面建成小康社会 夺取新时代中国特色社会主义伟大胜利——在中国共产党第十九次全国代表大会上的报告》,人民出版社2017年版,第4页。
② 孙蕾:《国家生态安全评价指标体系研究》,《中国统计》2005年第2期。
③ 孙蕾:《国家生态安全评价指标体系研究》,《中国统计》2005年第2期。

小康是十分不利的因素。

良好的生态环境不仅是人类的养生之仓,也是人类的养心之源。良好的生态环境不仅具有直接的经济效益,而且具有重要的精神文化价值。它可以使人身心愉悦、延年益寿,能激发人们丰富的想象力和创造力。良好的生态环境所构成的自然美,是人们最主要的审美对象之一,对于净化人的心灵、陶冶人的情操起着不可替代的作用。

(二)生态安全是国家安全的基础和载体

当代国家安全包括十个方面的基本内容,即国民安全、领土安全、主权安全、政治安全、军事安全、经济安全、文化安全、科技安全、生态安全、信息安全。生态安全是国家安全的基础和载体,贯穿于习近平新时代中国特色社会主义思想的始终。在此,我们仅从政治安全、经济安全、社会安全和文化安全等几个方面探讨习近平总书记关于生态安全与国家安全的关系。

1. 加强生态文明建设,"这里面有很大的政治"

生态与政治的关系表面上看起来没有生态与经济的关系那么密切。然而事实上,生态与政治的关系错综复杂。

2013年9月,习近平总书记在参与并指导河北省委常委班子专题民主生活会时强调:"'高天滚滚粉尘急',严重影响人民群众身体健康,严重影响党和政府形象。"①2013年4月25日,他在十八届中央政治局常委会会议上关于第一季度经济形势的讲话中连续三问:"如果仍是粗放发展,即使实现了国内生产总值翻一番的目标,那污染又会是一种什么情况?届时资源环境恐怕完全承载不了。想一想,在现有基础上不转变经济发展方式实现经济总量增加一倍,产能继续过剩,那将是一种什么样的生态环境?经济上去了,老百姓的幸福感大打折扣,甚至强烈的不满情绪上来了,那是什么形势?所以,我们不能把加强生态文明建设、加强生态环境保护、提倡绿色低碳生活方式等仅仅作为经济问题。这里面有很大的政治。"②

---

① 中共中央文献研究室编:《习近平关于全面深化改革论述摘编》,中央文献出版社2014年版,第106—107页。
② 中共中央文献研究室编:《习近平关于全面深化改革论述摘编》,中央文献出版社2014年版,第103页。

习近平总书记的上述讲话,尤其是连续三问,深刻地揭示了生态与政治之间的关系。

第一,为中国人民谋幸福,为中华民族谋复兴,这是中国共产党人的初心和使命,也是中国共产党人的最大政治。生态恶化,"严重影响人民群众身体健康",使"老百姓的幸福感大打折扣",这与共产党人的初心和使命相背离,将导致共产党人政治上的失分。

第二,党和政府的形象是党在长期的革命、建设和改革历程中通过制定正确的政治路线,通过冲锋在前、享乐在后的模范行为,通过不断从胜利走向胜利的历史事实而在人民中树立起来的。它是党和政府组织和动员人民群众的重要政治资源。"严重影响党和政府形象",则意味着这一宝贵资源的流失。

第三,用历史的眼光考察,不乏生态灾难加速政权灭亡的事例。如发生于周幽王二年(公元前780年)的大地震加速了西周的灭亡。

见微知著,知古鉴今。习近平总书记在生态安全与政治安全的关系的认识上,充分体现了洞烛幽远的政治智慧。

2."绿水青山可以源源不断地带来金山银山"

从一定意义上说,生态安全是经济安全的重要保障。2006年3月8日,习近平总书记在中国人民大学的一次演讲中提出:"绿水青山可以源源不断地带来金山银山,绿水青山本身就是金山银山,我们种的常青树就是摇钱树,生态优势变成经济优势,形成了浑然一体、和谐统一的关系。"

"绿水青山可以源源不断地带来金山银山",形象地说明了良好的生态环境对经济发展的重要支撑作用。

首先,生态环境为经济发展提供了一定的物质条件。一方面,自然生态环境为社会生产提供了劳动资料;另一方面,生态环境还为人类的生产活动提供了劳动对象。人类的生产活动是人类利用劳动资料作用于劳动对象的过程,离开了劳动对象,生产活动就成为"无米之炊"。自然生态是人类生产活动的最大原材料库,非此,人类生产就无法进行。

其次,生态环境为人类提供了生产活动的场所。迄今为止,人类的一切经济活动还都是在自然环境这个大舞台上进行的。离开了自然环境这个大舞台,人类将毫无立锥之地,更谈不上进行什么生产活动。

3. 没有生态安全,就没有社会稳定与安全

党的十九大报告指出:"中国特色社会主义进入新时代,我国社会主要矛盾已经转化为人民日益增长的美好生活需要和不平衡不充分的发展之间的矛盾。"[①]由"人民日益增长的物质文化需要"到"人民日益增长的美好生活需要",反映了党和国家事业发展的重点要求。这一转化提醒我们,要以新的思路做好社会稳定工作,防患于未然。习近平总书记指出:"随着经济社会发展和人民生活水平不断提高,环境问题往往最容易引起群众不满,弄得不好也往往最容易引发群体性事件。"[②]

总书记的讲话,不仅体现了要不断地减少生态危害,满足广大人民群众对美好生活的新期待,同时也提醒各级组织和各级领导干部要密切关注生态灾害的政治化倾向,要学会透过生态灾害的自身危害性,评估其背后的政治后果,从而激发加强生态文明建设的强烈意识。

当前,我国的生态文明建设取得了显著成效,但依然存在自然生态空间过度挤压、水资源供需矛盾突出、资源开发利用水平不高、人居环境恶化等问题。频频发生的环境事件严重威胁百姓的生命健康,依然成为大众担忧的安全问题。对此,我们要予以高度重视。

4. 留住了"自然美景",也就是留住了"乡愁"

2013年12月,习近平总书记在中央城镇化工作会议上指出,让城市融入大自然,让居民望得见山、看得见水、记得住乡愁。2015年新年伊始,习近平总书记在云南考察工作时,专程来到大理市湾桥镇古生村,详细了解洱海湿地生态保护情况。在碧波荡漾的洱海边,习近平和当地干部合影后说:"立此存照,过几年再来,希望水更干净清澈。"他叮嘱,一定要把洱海保护好,让"苍山不墨千秋画,洱海无弦万古琴"的自然美景永驻人间。

习近平总书记的上述讲话,寓意极为深刻。不仅说明了生态所具有的

[①] 习近平:《决胜全面建成小康社会 夺取新时代中国特色社会主义伟大胜利——在中国共产党第十九次全国代表大会上的报告》,人民出版社2017年版,第11页。

[②] 中共中央文献研究室编:《习近平关于社会主义生态文明建设论述摘编》,中央文献出版社2017年版,第84页。

审美价值,更表达了生态所具有的独特的文化价值。山水寄托的是"乡愁",而"乡愁"蕴涵的是中国人的道德理念、价值判断、生活准则等,"乡愁"的实质是文化。生态环境是孕育文化的载体。文化生态的完整性和安全性,对于一个民族来说,具有关系兴衰存亡的重大意义。文化生态具有不可再生性,许多历史文化遗存一旦被毁,传统纽带一旦被割断,民族的人居环境一旦被破坏,文化生态平衡一旦被打破,并造成文化基因谱系的断裂和文化多样性的消失,那么它给一个国家和民族所带来的威胁将是不可逆转的。

《人民日报》曾发文说:"在一个城市中,当你看不到 500 年前的影子,看不到 100 年前的影子,甚至连 50 年前的影子都找不到时,你会不会感到恐慌?"①所以,国家文化安全并不仅仅表现为意识形态安全问题,文化生态安全尤其是我们生活方式的生态安全的系统性,也是国家文化安全的重要问题②。生态安全不仅仅体现为生态的维护,还在于生态的优化。在生态优化的过程中,也必将带来文化的创新和发展。

二、要像保护眼睛一样保护生态环境

生态安全事关国运、事关民生;建设生态文明,关系人民福祉,关乎民族未来,其功在当代、利在千秋。习近平总书记强调:"要把生态环境保护放在更加突出位置,像保护眼睛一样保护生态环境,像对待生命一样对待生态环境。"③

(一)树立"尊重自然、顺应自然、保护自然"的理念

人与自然的关系,很大程度上是由人对自然所采取的行为造成的;而人对自然所采取的行为,又是由人对自然的态度所决定的。人对自然的态度,是随着生产力的发展状况而不断改变的。在生产力极端低下的情况

---

① 李舫:《文物保护背后地产冲动:错误观念比战火更具破坏性》,人民网,2010 年 10 月 22 日。
② 胡惠林:《文化生态安全:国家文化安全现代性的新认知系统》,《国际安全研究》2017 年第 3 期。
③ 中共中央文献研究室编:《习近平关于社会主义生态文明建设论述摘编》,中央文献出版社 2017 年版,第 8 页。

下,人对自然充满了敬畏,因而在从大自然处获得生存资料时极为谨慎和节制,并对大自然充满感恩之情;随着生产力水平的不断提高,人对大自然的支配能力逐渐强大,人对自然的态度则日渐由敬畏而变得狂傲,视己为神,呵天斥地!自然成为人类恣意征服和掠夺的对象。

然而,自然界并不是任意凌辱的对象。"如果说人靠科学和创造性天才征服了自然力,那么自然力也对人进行报复,按人利用自然的程度使人服从一种真正的专制,而不管社会组织怎样。"[①]

大自然一次次残酷的报复迫使人类不得不深刻反思人与自然的关系。"人与自然是生命共同体"是迄今人类对自身与自然关系的最科学、最深刻的认识。在这一认识的基础上,自然对人的神性和人在自然面前的神性均已消失。凸显的是如下赤裸裸的真相:自然是孕育人类的母体,自然是哺育人类的母亲,自然是人类的立身之基、发展之源。因此,人理应尊重自然、感恩自然。

在尊重自然的前提下,要顺应自然。尊重自然是态度,顺应自然是行为。顺应自然就是要正确认识自然规律并按照规律行事。2016年1月5日,习近平总书记在推动长江经济带发展座谈会上指出:"保护生态环境、建立统一市场、加快转方式调结构,这是已经明确的方向和重点,要用'快思维'、做加法。而科学利用水资源、优化产业布局、统筹港口岸线资源和安排一些重大投资项目,如果一时看不透,或者认识不统一,则要用'慢思维',有时就要做减法。对一些二选一甚至多选一的'两难'、'多难'问题,要科学论证,比较选优。对那些不能做的事情,要列出负面清单。"[②]这里所说的"快思维""慢思维"和"列出负面清单",可以看成是"顺应自然"的经典范例。

人是万物之灵,"顺应自然"是人的理性认识,而保护自然则是人在"顺应自然"的理性认识基础上的主观能动性的发挥。利用各种手段不断改善生态脆弱性,降低生态风险,可看成是保护自然的核心意蕴,也是人发挥主观能动性的具体表现。人可以通过发挥主观能动性来保证生态系统自身

---

① 恩格斯:《论权威》,《马克思恩格斯文集(第3卷)》,人民出版社2009年版,第336页。
② 《习近平在推动长江经济带发展座谈会上强调 走生态优先绿色发展之路 让中华民族母亲河永葆生机活力》,《人民日报》,2016年1月8日。

的安全,保证生态系统对于人类的安全。对于不安全的状态、区域,人类可以通过整治,采取措施,消除环境灾难,变不安全因素为安全因素。

保护自然、保护生态安全,也包括保护各种动植物的生存和安全。让万物都能在人的庇护下获得自由生存:"鹰击长空,鱼翔浅底,万类霜天竞自由。"

(二)推动形成绿色发展方式和生活方式

习近平总书记指出:"生态环境保护的成败,归根结底取决于经济结构和经济发展方式。"①这一论述深刻揭示了生态环境保护和经济社会可持续发展的辩证关系,并为保持经济社会可持续发展指明了方向。

第一,加快转变经济发展方式,坚持走绿色发展道路。

"绿色发展是生态文明建设的必然要求,代表了当今科技和产业变革方向,是最有前途的发展领域。"②基于这一认识,习近平总书记无论主政地方还是主政中央,一直强调要转变经济发展方式,坚持走绿色发展道路。如在主政浙江省时,提出要利用资源发展海洋经济及大力发展循环经济。

2013年全国两会期间,习近平总书记在参加江苏代表团审议时强调,经济发展不能以破坏生态环境为基础,我们既要推进经济发展,又要做好生态环境建设。在2013年的中共中央政治局第六次集体学习时,他着重强调了节约资源和保护环境的重要性,把保护环境、节约资源定为基本国策。在2015年《中共中央关于制定国民经济和社会发展第十三个五年规划的建议》中,他作出重要指示:我国目前环境恶化的主要原因是我们对自然界资源的开发和不合理利用。所以,需要我们从两个方面入手,第一,开源,即开发新能源;第二,节流,就是坚持节约优先,树立节约集约理念。同时,我们还要提高资源的利用率,高效利用资源。只有开源才能保证后续能源供给,只有节流才能使资源长效使用,双管齐下才能形成永续发展。

---

① 中共中央文献研究室编:《习近平关于社会主义生态文明建设论述摘编》,中央文献出版社2017年版,第3页。
② 中共中央文献研究室编:《习近平关于社会主义生态文明建设论述摘编》,中央文献出版社2017年版,第34页。

第二,坚持节约资源和保护环境的基本国策,形成绿色生活方式。

绿色生活方式主要包括绿色消费、绿色出行、绿色居住等,从其实质来说,可统称为绿色消费。习近平总书记在党的十九大报告中指出:"建设生态文明是中华民族永续发展的千年大计。……形成绿色发展方式和生活方式,坚定走生产发展、生活富裕、生态良好的文明发展道路,建设美丽中国,为人民创造良好生产生活环境,为全球生态安全作出贡献。"①

"推动形成绿色发展方式和生活方式,是发展观的一场深刻革命。"②"我们要充分认识形成绿色发展方式和生活方式的重要性、紧迫性、艰巨性,加快构建科学适度有序的国土空间布局体系,绿色循环低碳发展的产业体系、约束和激励并举的生态文明制度体系、政府企业公众共治的绿色行动体系。"③形成绿色生活方式和消费方式,要反对拜金主义和享乐主义,要花大气力铲除拜金主义、享乐主义滋生蔓延的土壤。

(三)实行严厉的生态法治

加强生态治理、建设生态文明,实际上是生产方式、生活方式、思维方式和价值观念的变革,必须以法律制度为根本保障。习近平总书记指出:"保护生态环境必须依靠制度、依靠法治。只有实行最严格的制度、最严密的法治,才能为生态文明建设提供可靠保障。"④2016年11月28日,习近平总书记在《关于做好生态文明建设工作的批示》中提出:"要深化生态文明体制改革,尽快把生态文明制度的'四梁八柱'建立起来,把生态文明建设纳入制度化、法制化轨道。"⑤

1. 划定生态红线、严格生态法治

生态红线就是生态安全的最后底线。习近平总书记严肃指出:"生态

---

① 习近平:《决胜全面建成小康社会 夺取新时代中国特色社会主义伟大胜利——在中国共产党第十九次全国代表大会上的报告》,人民出版社2017年版,第23—24页。
② 中共中央文献研究室编:《习近平关于社会主义生态文明建设论述摘编》,中央文献出版社2017年版,第36页。
③ 中共中央文献研究室编:《习近平关于社会主义生态文明建设论述摘编》,中央文献出版社2017年版,第37页。
④ 中共中央文献研究室编:《习近平关于社会主义生态文明建设论述摘编》,中央文献出版社2017年版,第99页。
⑤ 中共中央文献研究室编:《习近平关于社会主义生态文明建设论述摘编》,中央文献出版社2017年版,第109页。

红线的观念一定要牢固树立起来。""不然不仅生态环境恶化的总态势很难从根本上得到扭转,而且我们设想的其他生态环境发展目标也难以实现"。为此,我们"要精心研究和论证,究竟哪些要列入生态红线,如何从制度上保障生态红线,把良好生态系统尽可能保护起来。列入后全党全国就要一体遵行,决不能逾越。在生态环境保护问题上,就是要不能越雷池一步,否则就应该受到惩罚"①。

究竟哪些要列入生态红线,如何从制度上保障生态红线?2013年5月24日,习近平总书记在十八届中央政治局第六次集体学习的讲话中明确指出:"从制度上来说,我们要建立健全资源生态环境管理制度,加快建立国土空间开发保护制度,强化水、大气、土壤等污染防治制度,建立反映市场供求和资源稀缺程度、体现生态价值、代际补偿的资源有偿使用制度和生态补偿制度,健全生态环境保护责任追究制度和环境损害赔偿制度,强化制度约束作用。"②2017年5月26日,总书记在十八届中央政治局第四十一次集体学习的讲话中进一步提出:"要加快自然资源及其产品价格改革,完善资源有偿使用制度。要健全自然资源资产管理体制,加强自然资源和生态环境监管,推进环境保护督察,落实生态环境损害赔偿制度,完善环境保护公众参与制度。要完善法律体系,以法治理念、法治方式推动生态文明建设。"③

党的十九大进一步提出要"加大生态系统保护力度",作出要"完成生态保护红线、永久基本农田、城镇开发边界三条控制线划定工作"④。生态红线的划定与生态红线意识的树立,为生态法治提供了主观上和客观上的重要依据。

2. 完善经济社会发展的考核评价体系

考核评价体系具有重要的导向作用。长期以来,由于片面地将GDP

---

① 中共中央文献研究室编:《习近平关于社会主义生态文明建设论述摘编》,中央文献出版社2017年版,第99页。
② 中共中央文献研究室编:《习近平关于社会主义生态文明建设论述摘编》,中央文献出版社2017年版,第100页。
③ 中共中央文献研究室编:《习近平关于社会主义生态文明建设论述摘编》,中央文献出版社2017年版,第110页。
④ 习近平:《决胜全面建成小康社会 夺取新时代中国特色社会主义伟大胜利——在中国共产党第十九次全国代表大会上的报告》,人民出版社2017年版,第52页。

(国内生产总值)作为干部考核评价体系的重要指标,实际操作中唯GDP是求,以GDP论英雄,结果使得一些干部的环境保护意识几乎完全丧失,环境保护几乎被完全忽视。

习近平总书记在长期的从政实践中洞悉了这一考核评价体系的弊端,振聋发聩地提出:"我们一定要彻底转变观念,就是再也不能以国内生产总值增长率来论英雄了,一定要把生态环境放在经济社会发展评价体系的突出位置。如果生态环境指标很差,一个地方一个部门的表面成绩再好看也不行,不说一票否决,但这一票一定要占很大的权重。""最重要的是要完善经济社会发展考核评价体系,把资源消耗、环境损害、生态效益等体现生态文明建设状况的指标纳入经济社会发展评价体系,建立体现生态文明要求的目标体系、考核办法、奖惩机制,使之成为推进生态文明建设的重要导向和约束"①。

2013年9月,习近平总书记在参加河北省委常委班子专题民主生活会的讲话中说:"要给你们去掉紧箍咒,生产总值即便滑到第七、第八位了,但在绿色发展方面搞上去了,在治理大气污染、解决雾霾方面作出贡献了,那就可以挂红花、当英雄。反过来,如果就是简单为了生产总值,但生态环境问题越演越烈,或者说面貌依旧,即便搞上去了,那也是另一种评价了。"②习近平总书记的讲话,对于彻底转变"以GDP论英雄"的干部考核观念,对于全社会树立重视生态保护意识具有重要的引导作用。

3. 建立责任追究制度

十八届三中全会明确指出,将环境保护纳入领导干部离任审计并且实行终身追究的责任制度,这有助于领导干部树立环境保护意识,在制定措施时充分考虑环境因素。

习近平总书记提出:"对那些不顾生态环境盲目决策、造成严重后果的人,必须追究其责任,而且应该终身追究。……不能把一个地方环境搞得

---

① 中共中央文献研究室编:《习近平关于社会主义生态文明建设论述摘编》,中央文献出版社2017年版,第99—100页。
② 中共中央文献研究室编:《习近平关于社会主义生态文明建设论述摘编》,中央文献出版社2017年版,第21页。

一塌糊涂,然后拍拍屁股走人,官还照当,不负任何责任。组织部门、综合经济部门、统计部门、监察部门等都要把这个事情落实好。"①"实践证明,生态环境保护能否落到实处,关键在领导干部。一些重大生态环境事件背后,都有领导干部不负责任、不作为的问题,都有一些地方环保意识不强、履职不到位、执行不严格的问题,都有环保有关部门执法监督作用发挥不到位、强制力不够的问题。要落实领导干部任期生态文明建设责任制,实行自然资源资产离任审计,认真贯彻依法依规、客观公正、科学认定、权责一致、终身追究的原则。要针对决策、执行、监管中的责任,明确各级领导干部责任追究情形。对造成生态环境损害负有责任的领导干部,不论是否已调离、提拔或者退休,都必须严肃追责。各级党委和政府要切实重视、加强领导,纪检监察机关、组织部门和政府有关监管部门要各尽其责、形成合力。一旦发现需要追责的情形,必须追责到底,决不能让制度规定成为没有牙齿的老虎。"②

(四)加强生态保护的全球合作

整体性是生态安全的重要特点之一。生态安全的整体性是指:生态安全是超越国家、超越地理单元、超越民族的国际社会的共同的安全战略问题。生态安全的整体性是由生态系统的整体性所决定的。

生态安全的挑战是全球性的。对于生态危机的挑战和威胁,没有任何一个国家可以置之度外、独善其身。同样,解决全球范围的生态安全挑战,也没有任何一个国家能够独立担当,能够单边主义地保护自己的生态安全。生态安全的表现和性质、本质和产生的根源与后果、解决途径等都具整体性和全球性的特点,所有生态安全问题的性质都这样③。

习近平总书记深刻认识生态安全的整体性和全球性,2013年7月18日,他在致生态文明贵阳国际论坛2013年年会的贺信中,指出:"保护生态

---

① 中共中央文献研究室编:《习近平关于社会主义生态文明建设论述摘编》,中央文献出版社2017年版,第100页。
② 中共中央文献研究室编:《习近平关于社会主义生态文明建设论述摘编》,中央文献出版社2017年版,第110—111页。
③ 余谋昌:《论生态安全的概念及其主要特点》,《清华大学学报(哲学社会科学版)》2004年第2期。

环境,应对气候变化,维护能源资源安全,是全球面临的共同挑战。"同时他向世界表明:"中国将继续承担应尽的国际义务,同世界各国深入开展生态文明领域的交流合作,推动成果分享,携手共建生态良好的地球美好家园。"①在其他场合,他一再强调,要为人民创造良好生产生活环境,为全球生态安全做出贡献。

此外,习近平总书记还强调,要在全社会培育生态文化,提高群众的环保意识,在全社会确立起人与自然和谐相处的生态价值观,为生态环境的治理提供持久的思想支撑;同时,提倡全民参与的意识,在生态环境保护上,形成人人为我、我为人人的思想,从我做起,从小、从细做起,涓涓细流汇成大海,共同筑就生态安全的牢固屏障!

习近平总书记的生态安全观,具有重要的理论意义和重大的实践意义。它有助于我们进一步加深对社会主义生态文明建设重要性的认识,从而增强我们建设"美丽中国"的责任感、紧迫感和自觉性;有助于我们进一步加深对社会主义生态文明建设科学性的认识,从而坚定不移并富有创造性地将此落到实处,让中华大地成为美丽国土。

---

① 《习近平谈治国理政》,外文出版社2014年版,第212页。

习近平关于农民主体性的重要论述和新时代乡村振兴的实践与思考

梁 莹

【摘要】 习近平关于农民主体性的重要论述是新时代背景下,围绕农民主体性问题所做的理论上的深化,给正在进行的乡村振兴的实践提供了理论上的指引。当前乡村振兴战略实施过程中,因农民自身缺乏主体意识、返乡农民工的潜力未得到充分发掘、管理部门对农政策的激发机制缺乏有效性、基层干部未能有效地把农民组织起来等,农民主体性缺位的问题依然存在。应遵循习近平关于农民主体性的重要论述,从加强对农民的宣传教育和能力培训入手,加强对农政策落实的制度保障,加强农村基层党组织建设以解决"带头人"问题等,以进一步发挥农民的主体作用,推进乡村振兴战略的顺利实施。

【关键词】 乡村振兴;农民主体性;主体意识;激发机制;制度保障

【作者简介】 梁莹(1967—),法学硕士,上海政法学院讲师。主要研究方向:马克思主义中国化、高校思想政治教育。

农民主体性思想是习近平新时代中国特色社会主义"三农"思想的一个重要组成部分,是乡村振兴战略背景下,围绕农民主体性问题所做的理论上的深化和与时俱进。不仅在理论观念上为我们重视农民的主体地位提供了重要的指引,而且能够促使我们在实践中进一步发挥农民的主体作用、推进乡村振兴战略的落实和发展,促使我们在实践中不断地总结经验,有效地激发农民的主体性、积极性和创造性,进而实现乡村振兴的总体目标。

一、习近平关于农民主体性问题的重要论述及其指导作用

(一)相关概念界定和农民主体性问题提出的时代背景

根据马克思主义的哲学理论,主体是指具有认识和实践能力的人或群体。广义上来看,一切参与乡村振兴战略制定和实施过程中的人或群体,从参与顶层设计和规划的政府,到提供智力、财力等支持的社会各界人士,从直接掌控和管理乡村建设具体事务的基础组织或村干部,到直接参与建设活动的农民,都可以称为乡村振兴的主体。其中,农民作为乡村振兴的主力军,是受益者、建设者,也是必须依靠的核心力量。主体性作为一个哲学概念,是指人作为主体在社会实践活动中表现出来的一种独立、自觉和能动的特性,是人的自由发展和全面发展的重要内容。农民主体性通常是指农民作为一个群体或阶层,在社会生产实践活动中所体现出来的独立性、自主性、能动性和创造性。独立性表现在有独立的社会地位和职业特征;自主性则是指能够自主开展活动和具有自我意识;能动性是指通过自觉的自由的活动来改造客体世界;而创造性则是这种能动性在改造活动中的最高体现,在实践中实现变革和自我超越。这种独立性、自主性、能动性和创造性并非天然存在,只有当人具有主体意识和能力,并在社会实践活动中主动、积极地作用于客体世界时,才能成为社会实践活动的主体和具有主体性。据此,农民主体性问题通常主要涉及三个层面:第一,客观上农民主体性问题对于解决农业、农村等问题是否重要;第二,主观上农民主体性问题是否被重视;第三,现实中农民主体性作用是否到位。

回顾近代以来的中国历史,可以发现,农民主体性问题总是和乡村的建设与发展,和中国现代化的进程相伴相随,各界精英人士在不同时期,对于农民主体性问题的认识和具体策略各不相同,影响各异。早期的乡村建设运动,以梁漱溟为代表,充分肯定农民的主体地位,主张"乡村问题的解

决,一定要靠乡村里的人;如果乡村里的人自己不动,等待人家来替他解决问题,是没这回事情的。乡村问题的解决,天然要靠乡村人为主力"①。并主张通过举办村学、乡学等手段来教育和启发农民的自觉意识。这些乡村建设的思想和理念,时至今日,仍有极强的借鉴意义。与此同时,面对乡村的落后和被边缘化,以毛泽东为代表的中国共产党人也敏锐地意识到了农村、农业、农民的重要性,选择了从解决乡村问题入手,来解决中国革命问题,并在新民主主义革命期间,通过土地革命的开展,通过"没收地主阶级的土地归农民所有",给了农民看得见的好处。分配到土地的农民终于实现了"耕者有其田"的梦想,其生产和革命的积极性被充分调动起来,成为中国革命取得成功、建立中华人民共和国的主力军。可见,中国共产党人的成功,得益于农民问题得到解决,得益于农民革命积极性和创造性得到充分发挥。这就为后人解决乡村问题、解决中国问题做了良好的示范,指明了正确的方向。

中华人民共和国成立后,翻身得解放的农民,社会地位大大提高,自主性大大增强,其主体作用也得到应有的重视。尤其是20世纪70年代末,以农村的包产到户为主要内容的改革拉开了改革开放的序幕,这更进一步体现了农民作为改革的先行者,其创造性得到充分肯定,这无疑是发出了一个良好的信号,对随后整个国家的改革影响深远,"三农"问题也因此得到越来越多的重视。当然,由于中国农村底子薄、基础弱,解决"三农"问题不可能一蹴而就,这是一个持久的、需要做长远规划的重大工程。在这个过程中,虽然我们一直都重视和强调农民的主体作用,但在实践中并没有把这一问题解决好,陷入了农民主体性缺失的困境,这值得借鉴和反思。

近年来,农民主体性问题再次引人关注,和实施乡村振兴战略这一大背景有关。乡村振兴战略是由习近平总书记在党的十九大报告中正式提出的,是党在决胜全面小康阶段做出的重大战略部署。将乡村振兴战略提升为执政党的战略,集全党全社会之力来解决"三农"问题,这在历史上是第一次。这既是实现"两个一百年"奋斗目标的基本要求,也是新时代解决

---

① 梁漱溟:《梁漱溟全集(第2卷)》,山东人民出版社2005年版,第351页。

"三农"问题的必然选择。目前,从中央到地方,各种配套政策和措施陆续出台并有序推进。各方积极参与,献计献策,多角度地对此予以关注,农民主体性问题就是其中之一。

(二)新时代以来习近平总书记关于农民主体性问题的重要论述及其指导作用

"三农"问题一直是习近平总书记最关心的话题,并由此形成了较为系统的"三农"理论,农民主体性思想是其中的一个部分。进入新时代以来,习近平总书记围绕着农民主体性问题发表了一系列重要讲话,多次强调,乡村振兴要坚持农民主体地位,发挥农民主体作用。

2013年,在中央农村工作会议上,习近平总书记做了重要指示,强调"小康不小康,关键看老乡",针对"谁来种地"这样一个对我国农业农村发展和整个经济社会发展影响深远的问题,明确指出:"核心是要解决好人的问题,通过富裕农民、提高农民、扶持农民,让农业经营有效益,让农业成为有奔头的产业,让农民成为体面的职业,让农村成为安居乐业的美丽家园。"①

2015年,中共中央政治局就健全城乡发展一体化体制机制进行第二十二次集体学习,习近平总书记发表重要讲话,强调要健全城乡发展一体化体制机制,让广大农民共享改革发展成果。他指出:"农村要发展,根本要依靠亿万农民。要坚持不懈推进农村改革和制度创新,充分发挥亿万农民主体作用和首创精神,不断解放和发展农村社会生产力,激发农村发展活力。"②

2018年3月,习近平总书记参加十三届全国人大一次会议山东代表团审议时强调指出:"要充分尊重广大农民意愿,调动广大农民积极性、主动性、创造性,把广大农民对美好生活的向往化为推动乡村振兴的动力,把维护广大农民根本利益、促进广大农民共同富裕作为出发点和落脚点。"③

2018年7月5日,习近平总书记对实施乡村振兴战略做出重要指示,

---

① 《中央工作会议在北京举行》,《人民日报》,2013年12月25日。
② 《习近平在中共中央政治局第二十二次集体学习时强调 健全城乡发展一体化体制机制 让广大农民共享改革发展成果》,《人民日报》,2015年5月2日。
③ 《习近平李克强王沪宁赵乐际韩正分别参加全国人大会议一些代表团审议》,《人民日报》,2018年3月9日。

指出:"要尊重广大农民意愿,激发广大农民积极性、主动性、创造性,激活乡村振兴内生动力。"①

2019年3月9日,习近平总书记在参加河南代表团审议时,指出:"要用好深化改革这个法宝。推动人才、土地、资本等要素在城乡间双向流动和平等交换,激活乡村振兴内生活力。"②

这一系列围绕着农民主体性问题的重要论述和讲话,呈现出两个特点:一方面,凸显了乡村振兴战略实施过程中发挥农民积极性、主动性、创造性的重要性。这是我党"人民主体"思想的延续,是"人民主体"思想在"三农"领域和乡村振兴战略上的具体体现。这既是在新时代背景下,针对乡村振兴的时代目标所做的最新阐释,也是不断总结历史经验和教训的结果。对此,习近平总书记指出:"历史反复证明,人民群众是历史发展和社会进步的主体力量。正如毛泽东同志所说:'中国的命运一经操在人民自己的手里,中国就将如太阳升起在东方那样,以自己的辉煌的光焰普照大地'。"③另一方面,在进行理论概括和总结的过程中,提炼出了"坚持农民的主体地位"这一重要的基本原则作为乡村振兴战略的指针,对于我们在具体实践中解决"三农"问题,实施乡村振兴战略,具有极高的理论价值和指导意义。

系列讲话精神很快就在乡村振兴战略的实践中得到落实和体现。继党的十九大做出了实施乡村振兴战略的重大部署后,2018年初,中央一号文件《中共中央国务院关于实施乡村振兴战略的意见》正式出台,明确提出了要"充分尊重农民意愿,切实发挥农民在乡村振兴中的主体作用,调动亿万农民的积极性、主动性、创造性,把维护农民群众根本利益、促进农民共同富裕作为出发点和落脚点,促进农民持续增收,不断提升农民的获得感、幸福感、安全感"④。同年9月,中共中央、国务院印发的《乡村振兴战略规

---

① 《把实施乡村振兴战略摆在优先位置 让乡村振兴成为全党全社会的共同行动》,《人民日报》,2018年7月6日。
② 《习近平李克强王沪宁韩正分别参加全国人大会议一些代表团审议》,《人民日报》,2019年3月9日。
③ 《习近平在纪念毛泽东同志诞辰120周年座谈会上讲话》,《人民日报》,2013年12月27日。
④ 《中共中央国务院关于实施乡村振兴战略的意见》,人民出版社2018年版。

划(2018—2022 年)》中,再次提及此要求。至此,在国家层面的正式文件中,"坚持农民的主体地位"作为一条重要的基本原则被明文确定下来,并对今后各地各部门结合各自的实际、贯彻落实乡村振兴战略起到了积极的指导作用。

二、新时代乡村振兴实践中农民主体性问题的现状分析

党中央提出"乡村振兴战略"及一系列配套举措,对于进一步解决"三农"问题,并在此基础上实现"两个一百年"的奋斗目标,无疑是具有重大的现实意义的。要在今后的实践中进一步提高乡村振兴战略实施的有效性,就要先了解清楚农民主体性问题的现实状况,这无疑是十分必要的。

(一)乡村振兴战略中农民主体性问题的重要性

1. 乡村振兴战略提出的背景

乡村振兴战略是在新时代背景下,在"三农"问题取得一定成效的基础上,为解决不断出现的新问题、尚未解决的老问题而提出的。

一方面,经过改革开放四十多年的不懈努力,尤其是十八大以来,"三农"问题上取得的成就是有目共睹的。第一,农村集体产权制度改革稳步推进,土地确权给农民吃了"定心丸",农民和土地的关系得到了妥善处理;集体资产被盘活,农户开始分享到更多发展"红利"。第二,农业生产机械化水平和劳动效率大幅提高,发展的速度和发展的质量令人瞩目,粮食产量连续多年处于历史最高水平,不仅把十多亿中国人的"饭碗"牢牢掌握在自己手里,还为世界粮食安全做出了重要贡献。第三,农业产业化推进速度加快,产业结构更加科学化和多样化,农民收入来源渠道增多,农民收入增长速度保持较好势头,已连续多年好于城镇居民收入的增长速度。第四,农村生活居住环境得到改善,多年来围绕新农村建设、美丽宜居乡村建设等所做的努力和成就日益显现出来,以垃圾处理、污水治理为重点的农村人居环境整治全面提速,农村生产生活条件发生了显著变化。第五,户籍制度改革深入推进,二元户籍制度退出历史舞台,在中国存在了大半个世纪的"农业"和"非农业"户口身份识别将不复存在,"农民"不再是身份,

而是职业,相配套的以"均等化"为目标的公共服务正逐步完善。

但另一方面,"三农"问题作为一个重大的、持久性的工程,目前还不可能从根本上加以解决,存在一些矛盾和问题也是不可避免的。第一,新时代社会主要矛盾发生了转变,体现在"三农"问题上,就是农业农村的发展不充分、不平衡,无法满足农民对美好生活的追求,教育、医疗、养老等问题十分突出,一些贫困地区的农村甚至连基本的生活保障都无法满足,城乡差别依然巨大,乡村建设仍是国民经济和社会发展的短板。第二,城镇化过程中,大量农村劳动力转移,导致农村空心化、老龄化,留守儿童问题严重,要振兴乡村,主力军是谁、如何吸引外出农民回乡创业等问题亟待解决,其困难程度不亚于如何消化农村富余劳动力的转移问题。第三,遭遇资源环境约束趋紧的压力,农业生产及其产业化的可持续发展难度加大,生态宜居的美丽乡村建设愈发困难。第四,持续多年的农民收入增速较快的现象会逐步减退,惠农政策带来的直接效益也会递减,今后如何让更多的农民实现生活富裕的目标,如何开源增收,如何保持收入的较快增长,会成为困扰各方的难题。

正是在这样的现实背景下,为解决不断出现的新问题、尚未解决的老问题,乡村振兴战略应运而生,它所提出的"产业兴旺、生态宜居、乡风文明、治理有效、生活富裕"20字的总要求,为新时代解决"三农"问题提供了新的思路。

2. 乡村振兴战略实施过程中已有的对农民主体性问题的关注

乡村振兴战略的实施,"三农"问题的解决,离不开农民主体性作用的发挥。如本文开头所言,相比于政府、社会各界人士、村干部等,农民不仅是直接的受益群体,更是实践主体和必须依靠的力量,没有农民参与的乡村振兴是无效振兴。因此,乡村振兴不仅在根本上需要农民的参与,而且还要把农民主体性充分激发出来。对此,各界给予了相当多的关注和重视。

这种关注和重视,首先来自领导层和政府管理部门,前文已多有提及。在乡村振兴推进的过程中,这种关注仍然持续不断。2020年"两会"期间,习近平总书记看望全国政协十三届三次会议的经济界委员时,说:"我们这代人有一份情结,扶一把老百姓特别是农民。社会主义道路上一个也不能少,全面小康大家一起走!"①这并不仅仅是总书记简单的情感流露,而是再次强调了"人民至上"的原则,为今后一个阶段的乡村振兴定好了工作基调。

近年来以"农民主体性""农民主体地位"等作为主题和关键词的大量研究性文章不断见诸报刊。这些都有利于整个社会不断加深对农民主体性问题和乡村振兴问题的思考。

(二)农民主体性缺失的现实状况分析

农民主体性所关联的三个层面的问题,在客观上是否重要、主观上是否被重视,前文已有论及,此处重点讨论第三个层面:主体性作用是否到位。

作为乡村振兴主力军的农民,其主体意识有无、能动性发挥程度如何,对于能否产生良好的乡村振兴效果,是一个关键。

从实施乡村振兴战略的实践情况来看,当前农民主体性缺位的问题在一定范围内还是存在的,并影响了实施效果。具体体现为:

1. 农民自身缺乏应有的主体意识

农民是一个特殊群体。从历史上看,中国革命和建设的深厚力量始终蕴藏在广大农民中间,农民问题始终是中国社会发展中的根本问题。民主革命时期如此,社会主义建设时期仍然如此。当代中国社会,农民占了人口的绝大多数,是经济社会发展的主力,是农业生产的主要承担者和农业物质财富的创造者。作为乡村振兴的主要受益者和参与主力,农民却非常被动,对自身的主体地位缺少自觉意识,无法正确认识自身的价值,无法正确处理与客观世界的关系。

主体身份明确与否、主体意识有无和强弱是影响乡村振兴战略实施效果的一个非常重要的方面。当前农民主体意识缺失,不仅直接影响他们对自身在乡村振兴战略中的作用和地位的判断,更影响他们主观能动性的发挥,进而最终影响到乡村振兴战略的实施及其效果。

2. 返乡农民工的作用和潜力尚未被充分发掘

近年来,返乡农民工不断增加,一定程度上和乡村振兴战略的实施有

---

① 《微镜头·习近平总书记两会"下团组"(两会现场观察)》,《人民日报》,2020年5月24日。

关,尤其是吸引外出农民工回乡创业的相关配套政策的出台。比如,2018年的《关于进一步推进支持农民工等人员返乡下乡创业的意见》、2019年的《关于坚持农业农村优先发展做好"三农"工作的若干意见》都明确鼓励外出农民工等各类人才返乡下乡创新创业,"外出务工多年,有见识,有资金积累,有经验,有技术",是各界对外出农民工的普遍印象,更是期待。大量农民工响应政策召唤,返乡就业或创业,投入乡村振兴的浪潮中去。但在实践中,一方面,回流到农业生产领域的农民工有限,无法解决农业生产领域有效劳动力不足的问题。另一方面,就业岗位不足或不理想,自主创业风险大或失败率高等现象的存在,使得让返乡农民工留下来的动力略显不足。如何为他们的"留下来"提供更多的机会,让他们的"留下来"长久些;如何发挥出返乡农民工的潜力,人尽其才,这应该是今后一个阶段的工作重点。

3. 管理部门对农政策的激发机制缺乏有效性

政府管理部门作为主导者,对于乡村振兴中农民主体性问题是有正确认知的,"坚持农民的主体地位"原则也已确立。但在乡村振兴战略落实的实际过程中,不少地方都是"剃头挑子一头热",或者还没热起来就归于沉寂。无论是产业项目的引进、生态环境的改善,还是乡村治理活动的开展,按照政府主导者和活动设计者的思路,这些对农政策和项目都有利于乡村振兴,最终受益的必将是农民。但一个共同的现象就是农民不想参与、不愿参与,或参与程度不高、能动性发挥不够。政府部门在推进对农政策时,遇到了较大的阻力,困难重重。这里的问题就在于这些对农政策的激发机制,无法与农民的需求和意愿形成有效对接,从而达不到预期效果。

不能有效地激发农民参与的积极性,不能让农民积极主动地成为乡村建设的"主角",就会大大延缓乡村振兴战略目标的实现。要把创新激励机制作为一项重要工作来抓,才能使农民尽快融入乡村振兴的大潮中去。

4. 基层干部"带头人"的作用有限,未能有效地把农民群众组织起来

农民一旦被组织起来,就可以凝聚成一股巨大的威力。民主革命时期的历史就证明了这一点。改革开放以来,一些发展得比较好的农村地区,都涌现出了致富"带头人"。但"包产到户"的农业生产模式,地域广阔、分

散居住的农村生活模式,使得农民的群体性和组织化色彩较弱。要把他们组织起来,基层干部,尤其是乡村振兴战略落实过程中管理具体事务的村干部,是关键。

但目前情况看,有些村干部参与乡村振兴事务的积极性要高于农民,却苦于没人响应,与此相反,有些村干部则对乡村振兴缺乏热情,反而是村民们苦于找不到可以牵头干的人。前者是愿意干,却"不会干"——不能有效地调动农民的积极性,无力把农民组织起来。后者是"不愿干"——自己没有积极性,更没有号召能力。

上述问题的存在,显然是不利于乡村振兴战略的落实和相关目标的实现的。

三、遵循习近平关于农民主体性的重要论述,落实乡村振兴战略,激发农民主体性的几点思考

习近平关于农民主体性的重要论述作为习近平新时代中国特色社会主义"三农"思想的组成部分,是在新时代背景下,针对"三农"领域里的新问题及其发展需求而提出来的,对乡村振兴战略的制定,"坚持农民主体地位"原则的确立等,都起到了指导作用。

借鉴历史上解决农民主体性问题的经验和教训,结合当前的实际,笔者认为落实乡村振兴战略,激发农民主体性,要从以下几个方面入手:

(一)加强对农民的宣传教育和能力培训

当代农民的整体的文化素质有了很大提高,对于他们而言,只要宣传教育的内容和方法得当,还是能够取得一定效果的。

一方面,要加大政策的宣传教育。大力实施乡村振兴战略的大背景下,农民自身主体意识缺失,一定程度上和宣传教育的力度不够有关。尤其是基层干部对政策的解读是否到位,会直接影响到农民的感受,要在政策宣传的过程中,让农民能够感受到政策对自己的"利好",而不是官员的"政绩";可以预见到自己"主角"的身份,而不是"局外人"。这样才能够帮助其主体意识的觉醒。

另一方面,生产能力的培训和教育。乡村振兴,重点是解决人的问题。改变农村落后的面貌,发展农业生产,人的问题是关键。早在2013年中央农村工作会议上,习近平总书记就指出,农村经济社会发展,说到底,关键在人。诺贝尔经济学奖获得者西奥多·舒尔茨在《改造传统农业》一书中也曾指出,要通过引进新的生产要素及人力资本投资来改造传统农业,这是提升农业发展水平的根本途径。因此,对于农民而言,激发其参与乡村振兴的积极性,就要从帮助其提高自己的生产能力入手。必要的不间断的农业技能培训,能够帮助农民不断更新知识,提高生产技能,帮助其作为劳动者投入更多、更好的生产要素到农业生产中去,既有利于其自身整体素质的提高,也有利于发展农业生产,改变农村的落后面貌,这正是乡村振兴的题中之义。

要把"新型职业农民"相关理念的教育作为今后涉农教育培训的大方向。培育"新型职业农民"首次提出是在2012年中央一号文件中。2013年中央农村工作会议上,习近平总书记更是明确强调:"要通过富裕农民、提高农民、扶持农民,让农业经营有效益,让农业成为有奔头的产业,让农民成为体面的职业。"[①]2017年"两会"期间,在参加四川代表团审议时,习近平总书记则是用"爱农业、懂技术、善经营"三个限定词对"新型职业农民"做了最新的定义。总书记关于新型职业农民问题的系列讲话,实际上都是在传递一种新的理念,农民不再是一种身份,而是一种职业,它是一种能力的体现,更是一种责任和使命的象征。当下,各类大众媒体应该在舆论宣传上烘托出一种氛围,让新的理念深入人心,增强社会的广泛认同。未来,要让更多农民转变观点、更新理念,坚定作为新型职业农民的信心,能够自觉地投身到乡村振兴的浪潮中去。

(二)用好政策,进一步发掘返乡农民工的人才资源潜力

解决农业生产领域有效劳动力不足的问题,要从让更多的返乡农民工愿意返土做起,让他们认识到成为新型职业农民,大有前途。尤其是青壮年农民工,是农业生产领域潜在的优质人力资源,如若能够被吸引、回流到

---

① 《中央农村工作会议在北京举行》,《人民日报》,2013年12月25日。

农业生产领域,必将成为乡村建设的一支重要的生力军。

同时,还要根据返乡农民工的特点,进一步用好相关政策,有针对性地解决他们创业或就业中的困难。近年来,农民工大量返乡,其中有不少人是响应召唤而返乡的,政策利好是他们返乡创业或就业的动力之源。但毕竟打工积累的自有资金有限、市场经验不足、抗风险能力弱,在大众创业的年代,和其他受召唤返乡的各类人才,如大学生、退伍军人等相比,他们在学历、资金等方面并不占优势,一旦遭遇创业失败,使他们"留下来"的动力就会丧失。因此,已有的支持性政策要用好用足,要和返乡农民工的创业之间形成有效对接,提高宏观政策的有效性,还要能够有相应的托底机制,能够解决返乡农民工的后顾之忧等。这样,即便创业暂时出现困难,但只要对未来还有良好的预期,就能促使他们继续"留下来",充分发挥自身的主观能动性,这既有利于其自身价值的提升,也有利于人才资源的可持续性,进而推进乡村振兴目标的实现。

(三)加强政策落实的制度保障

乡村振兴是篇大文章,党中央为此做足了准备,各种配套政策措施正加紧落实。但农民作为主体,其积极性不高,主动性不强,能动性不能发挥,除了上面提到的宣传力度不够、政策解读不到位之外,也和乡村振兴战略作为大文章具有长期性有关。普通人都会有急躁心理,农民也不例外,受急功近利思想的影响,他们没耐心去预期未来好不好,只看眼前,并由此判断自己的参与行为值不值得。

消除这种浮躁情绪,靠自觉或简单的说教,都是难以实现的,唯有提供制度上的保障。要常常深入到农民中间去,了解他们的所思所想,毕竟他们是乡村振兴的主体,把他们认可的、行之有效的政策措施固定下来,并加以推广,且要动态地跟踪不断出现的新问题,找到解决问题的新方法,为乡村振兴战略的实施提供新动力,用在实践中不断完善起来的制度,为农民发挥主体作用提供保障。

(四)加强基层组织的各方面建设

基层组织建设是乡村振兴的组织保障。党中央的宏伟规划和利好政策能否贯彻下去、落实到位,关键看基层组织,主要是村干部,他们是政策落实路上的"最后一公里"。

一方面,加强组织建设,在班子的配备上寻求最优组合。对组织涣散的、力量薄弱的村党组织,不能放任自流,要用"自上而下"的方式加强管理,必要时从外部注入活力,以便乡村振兴工作在基层组织层面得到最坚实的支撑力量。另一方面,要加强能力建设,解决"不愿干""不会干"的问题,提供必要的专职培训。按照"懂农业、爱农村、爱农民"的要求,建立起一支能够激发农民的主体意识、愿意带领农民群众共建美丽乡村的基层队伍,形成实施乡村振兴战略的合力。毕竟,当前中国社会最突出的矛盾和最难解决的问题在乡村,能否建立一个有组织领导力、懂得聚拢和依靠农民群众的基层组织,直接关系到乡村振兴战略的实施及其成效。

四、结语

习近平总书记关于农民主体性问题的系列论述,是习近平中国特色社会主义"三农"思想的组成部分,延续了我党一贯坚持的"人民主体"思想,体现了"以人民为中心"的价值追求,明确了新时期解决"三农"问题和开展乡村振兴工作的主攻方向,对于今后一个阶段的工作必将产生重大的理论指引和推动作用。

因此,要提高乡村振兴战略实施的有效性,使得新时代的"三农"问题得到深层次的解决,必须遵循习近平关于农民主体性的重要论述,采取多种措施激活农民的积极性、主动性和创造性,发挥农民的主体作用。乡是农民的乡,村是农民的村。振兴乡村,农民是受益者,也是建设者,更是必须依靠的力量。重视并解决农民主体性问题,关乎乡村振兴,也关乎中华民族的伟大复兴。

试论习近平时代新人观的辩证思维特质

杨 悬

【摘要】 唯物辩证法是马克思主义的世界观和方法论。习近平总书记非常重视唯物辩证法,在多种场合号召大家用辩证思维认识当代中国。十八大以来,他运用唯物辩证法深入思考"培育什么样的人、怎样培育人、为谁培育人"的时代问题,并在十九大报告中提出"培育担当民族复兴大任的时代新人"的战略目标。这就要求我们应当立足辩证思维把握习近平的时代新人观:①基于思维的历史性,可以理解其生成逻辑是符合历史、现实和未来发展规律的;②基于思维的全面性,可以领会其内涵是道德品质、理想信念、本领过硬和担当大任四方面的相互交融;③基于思维的整体性,可以把握其培养路径是教育引导、实践养成和制度保障的有机统一。

【关键词】 时代新人;唯物辩证法;生成逻辑;基本内涵;培养路径

【作者简介】 杨悬(1994—),上海政法学院硕士研究生。主要研究方向:思想政治教育。

习近平总书记在治国理政的实践中非常注重运用唯物辩证法,他强调说:"学习掌握唯物辩证法的根本方法,不断增强辩证思维能力,提高驾驭复杂局面、处理复杂问题的本领。"①时代新人观就是他运用唯物辩证法,创造性思考"培育什么样的人、怎样培育人、为谁培育人"的重大问题的典范。在十九大报告中,习近平代表党中央提出了"培育担当民族复兴大任的时代新人"的战略目标,之后又在北京大学师生座谈会、全国宣传思想工作会议、全国教育大会、思想政治理论课教师座谈会等不同场合,具体阐述了时代新人的生成逻辑、主要内涵和培养路径,其中每个环节都体现着辩证思维的光芒。基于唯物辩证法,可以更加全面地领会和把握习近平时代新人观的科学意蕴。

一、时代新人的生成逻辑：历史、现实和未来的辩证发展趋势

习近平总书记极其重视历史的学习研究,并指出:"历史、现实、未来是相通的。"②历史是对过去所发生事情的记录,是真实存在的,历史的客观性表明历史的发展不以人的意志为转移,人们只能在特定历史条件下创造历史；现实是历史的继承和发展,是对历史的时间、空间和思维的承续；未来是将要到来的现实,现实是未来的历史。这种把历史、现实和未来看成一个整体,是运动、发展和变化的辩证统一的思维,称为历史思维。时代新人观的生成逻辑是习近平总书记历史思维的具体体现,首先,时代新人观是根植于历史,是在继承前人的基础上,并与时代完美结合的一个不断发展的思想；其次,时代新人观立足于现实,以十八大以来党和政府的奋斗实践为根基,不断探索当前社会主义事业"培育什么样的人、怎样培育人、为谁培育人"的育人内涵；最后,时代新人观是面向未来,以实现"两个一百年"奋斗目标和中华民族的伟大复兴为指向,明确今后社会主义事业的接班人和建设者的育人方向。

（一）马克思主义经典作家关于人的论述是时代新人观的历史根基

马克思关于人的全面发展理论是时代新人的理论基石。在《1844 年

---

① 习近平：《坚持运用辩证唯物主义世界观方法论提高解决我国改革发展基本问题本领》，《人民日报》，2015 年 1 月 25 日。
② 《习近平谈治国理政（第一卷）》，外文出版社 2018 年版，第 282 页。

经济学哲学手稿》《1857—1858年经济学手稿》和《资本论》等著作中,马克思认为,在以"人的依赖关系"为基础的社会形式下,生产力水平极其低下,人只是在狭窄的范围内和孤立的地点上发展着;而在以"物的依赖性"为基础的社会形式中,分工和交换的不断扩大,人的发展得到了一定的进步,但在私有制条件下,人的劳动表现为异化劳动,物统治着人,人的发展依然是片面的;只有到了共产主义社会,即"建立在个人全面发展和他们共同的、社会的生产能力成为从属于他们的社会财富这一基础上的自由个性"①,人才能自由全面地发展,"在那里,每个人的自由发展是一切人的自由发展的条件"②。马克思的人的全面发展学说,科学揭示了人的本质。

在探索救亡图存的道路上,中国共产党人一直关注社会新人,1937年,毛泽东号召"要造就一大批人,这些人是革命的先锋队。这些人具有政治远见。这些人充满着斗争精神和牺牲精神。这些人是胸怀坦白的,忠诚的,积极的,与正直的。这些人不谋私利,惟一的为着民族与社会的解放。"③中华人民共和国成立以后,国家经过战争的磨难,经济凋敝,百废待兴,迫切需要社会新人进行社会主义革命和建设,为此毛泽东提出要培养"又红又专"的社会新人。改革开放以后,党的工作重心转移到经济建设上来,"四个现代化"提上了日程,邓小平创造性地提出了"四有"新人的思想;随着改革开放的进一步推进,世情、国情、民情发生了深刻的变化,江泽民根据实际情况要求社会主义事业的建设者和接班人要在德智体美各方面全面发展;进入21世纪,国家综合国力越来越依靠科学技术,科学创新的关键是人才,胡锦涛适时地提出了"四个新一代"的育人目标,即"希望全国广大团员和各族青年牢记党和人民的重托,自觉担负起时代的重任,以英雄模范为榜样,努力成为理想远大、信念坚定的新一代,品德高尚、意志顽强的新一代,视野开阔、知识丰富的新一代,开拓进取、艰苦创业的新一代"④。立足新时代,习近平总书记在继承前人的基础上,进一步发展了新

---

① 《马克思恩格斯文集(第8卷)》,人民出版社2009年版,第56页。
② 《马克思恩格斯文集(第2卷)》,人民出版社2009年版,第53页。
③ 《毛泽东邓小平江泽民论青少年和青少年工作》,中国青年出版社2003年版,第7页。
④ 胡锦涛:《致中国群英会的信》,《人民日报》,2007年5月5日。

人思想,并在十九大报告中提出了"培养担当民族复兴大任的时代新人"的重要论述。

(二)新时代中国特色社会主义实践是时代新人观的现实成因

理解时代新人,必须把握好"时代"这一词,这个"时代"是指中国特色社会主义进入新时代,中国站在全新的历史方位。其一,依靠一代又一代新人的不断"接力",让我们走进新时代。"历史是人民创造的,英雄的人民创造英雄的历史。今天中国的进步和发展,就是从长征中走出来的。"①十八大以来,社会主义事业不断发展,在国内,经济保持高质量发展,国内生产总值稳居世界第二,即将全面建成小康社会,脱贫攻坚战取得全方位的胜利;科技创新不断取得突破,天宫、蛟龙、天眼、悟空、墨子、大飞机等重大科技成果相继问世;全面深化改革取得重大进展;民主法治建设迈出重大步伐……正是靠这种代代相承、薪火相传的"接力赛",中国从过去跟在世界后面,到现在已经成为并跑者,甚至在一些领域成为领跑者。其二,经过社会新人的不断探索,我们的社会主义道路越来越宽,实现了马克思主义基本原理同中国具体实践又一次结合,对马克思主义哲学、政治经济学和科学社会主义进行理论创新和发展,并在新时代的实践中创立了习近平新时代中国特色社会主义思想,系统回答了新时代坚持和发展什么样的中国特色社会主义、怎样坚持和发展中国特色社会主义这个重大时代课题。新时代的现实和理论成就,是习近平总书记思考如何造就"社会新人",继续保持社会主义事业生命活力的现实因素。

(三)实现中华民族伟大复兴是时代新人观的未来指向

习近平总书记强调:"展望未来,我国青年一代必将大有可为,也必将大有作为。这是'长江后浪推前浪'的历史规律,也是'一代更比一代强'的青春责任。广大青年要勇敢肩负起时代赋予的重任,志存高远,脚踏实地,努力在实现中华民族伟大复兴的中国梦的生动实践中放飞青春梦想。"②十九大制定了中国梦的实现时间表。从2020年到2035年,接续奋斗15年,基本实现社会主义现代化;从2035年到本世纪中叶,再奋斗15年,把

---

① 《习近平谈治国理政(第二卷)》,外文出版社2017年版,第48页。
② 《十八大以来重要文献选编(上)》,中央文献出版社2014年版,第278页。

我国建成富强、民主、文明、和谐、美丽的社会主义现代化强国。现在在高校学习的大学生大都是"00"后,到2020年全面建成小康社会时,很多人还不到三十岁;到本世纪中叶,很多人还不到六十岁,也就是说他们将成为实现"两个一百年"奋斗目标的主体力量。因此,时代新人观正是为了在未来几十年不断培育时代新人、保证党和国家事业后继有人、实现"两个一百年"奋斗目标和中华民族伟大复兴的中国梦、促进人的自由全面发展的理论保障。

二、时代新人的基本内涵:道德品质、理想信念、本领过硬和担当大任融为一体

恩格斯形象地把形而上学概括为"在绝对不相容的对立中思维",并具体指出"是就是,不是就不是;除此之外,都是鬼话"①。习近平总书记强调:"要坚持发展地而不是静止地、全面地而不是片面地、系统地而不是零散地、普遍联系地而不是单一孤立地观察事物,妥善处理各种重大关系。"②运用形而上学的思维去认识时代新人的思想内涵只能是片面的、机械的、狭隘的,因而,离开唯物辩证法就不能理解时代新人观的重要内涵。习近平时代新人观的全面性特质是把道德品质、理想信念、本领过硬、担当大任四方面有机地联系在一起,四者面面俱到、相辅相成,充分展示时代新人应具有的品质内涵。其中道德是立身之本,理想信念是精神之"钙",本领过硬是成才之基,担当大任是外在之为,习近平总书记分别从成人和成才的角度号召当代青年要努力成为可堪大任的时代新人。

(一)道德品质是时代新人的立身之本

从古至今,我国就十分重视道德对人才培养的作用,"才者,德之资也;德者,才之帅也"。社会主义社会在处理道德和才能的辩证关系中,道德始终是处于优先地位,一个人只有拥有高尚的道德才能把自己的才能奉献给

---

① 恩格斯:《反杜林论》,人民出版社2015年版,第64页。
② 习近平:《坚持运用辩证唯物主义世界观方法论提高解决我国改革发展基本问题本领》,《人民日报》,2015年1月25日。

党、国家和人民。基于此,习近平总书记十分重视道德在培育时代新人中的基础性地位,并指出"新时代中国青年要锤炼品德修为。人无德不立,品德是为人之本"①。社会主义核心价值观是新时代国家大德、社会公德和个人私德的高度凝练与集中表达,它从国家、社会、个人三个层面确定了时代新人的道德目标、道德追求和道德原则。"历史和现实都表明,核心价值观是一个国家的重要稳定器,能否构建具有强大感召力的核心价值观,关系社会和谐稳定,关系国家长治久安。"②当今世界文化多元,激烈交锋,西方普世价值观冲击着马克思主义思想阵地,尤其是对青少年产生许多负面的影响。"青年是引风气之先的社会力量"③,青年的价值观决定着社会的价值取向,因而必须引领青年的价值取向。党和政府要把社会主义核心价值观融入社会的各个方面,渗透到衣食住行、言谈举止,营造人人遵守社会主义核心价值观、人人发扬社会正能量的社会环境。广大青少年要自觉弘扬中国优秀传统文化、革命文化和社会主义先进文化,把社会主义核心价值观落实到生活的细微处,从自己做起,从身边做起,从小事做起,养成高尚的道德品德,为成长成才打下坚实的道德基础。

(二) 理想信念是时代新人的精神之"钙"

理想信念是人们对未来的期盼,对人们当前的思想和行为具有指导作用。历史表明,理想信念是中国共产党克服一切困难的法宝,没有坚定的理想信念,中国共产党就不能带领人民在艰苦的条件下完成新民主主义革命、建设社会主义新中国、发展中国特色社会主义。2013年5月4日,习近平总书记在各界优秀青年代表座谈会上指出:"理想信念指引人生方向,信念决定事业成败。没有理想信念,就会导致精神上'缺钙'。"④新时代的理想信念是对马克思主义的信仰、对社会主义和共产主义必将实现的坚定信念。广大青年要坚定共产主义远大理想和中国特色社会主义共同理想,深刻认识到共产主义远大理想和中国特色社会主义共同理想的辩证关系,

---

① 习近平:《在纪念五四运动100周年大会上的讲话》,《人民日报》,2019年5月1日。
② 《习近平关于社会主义文化建设论述摘编》,中央文献出版社2017年版,第106页。
③ 《习近平关于社会主义文化建设论述摘编》,中央文献出版社2017年版,第21页。
④ 《习近平关于社会主义文化建设论述摘编》,中央文献出版社2017年版,第22页。

牢记共产主义远大理想不是一蹴而就,敲锣打鼓就能实现的,而是要经过许多代人的共同努力,时刻把握当前中国最伟大的理想是实现中华民族的伟大复兴。理想的实现需要科学的理论为根基,要坚持用马克思主义、毛泽东思想、邓小平理论、"三个代表"重要思想、科学发展观和新时代中国特色社会主义思想武装自己;青年要认识到中国梦是国家的梦、民族的梦,也是每个青年的梦,青年人的理想实现不能脱离国家的实际,青年的理想始终是与国家紧密相连的,"把自己的梦想融入人民实现中国梦的壮阔奋斗之中,把自己的名字写在中华民族伟大复兴的光荣史册之上"①。

(三) 本领过硬是时代新人的成才之基

本领是实现理想的基础,没有本领,理想便是空想。当今社会已经进入知识经济时代,科学技术已经成为提升国家综合国力的重要因素,我国虽然在某些科技领域取得了重大的突破,但是许多关键核心技术仍然遭到"卡脖子",事实证明,只有拥有一流的创新人才、一流的科学家,才能在竞争中占据优势。"未来总是属于青年人的,拥有一大批创新型青年人才,是国家创新活力之所在,也是科技发展希望之所在。"②广大青年要珍惜时间学习,不仅要刻苦钻研自己的专业知识,还要不断提高自己与时代发展相适应的素质和能力,做到又博又专、愈博愈专,通过学习成就自己的梦想。实践是知识常新的源泉,广大青年要积极投身于社会实践中,实践是无字之书,是青年成长成才所必需的积累,坚持学以致用,做到知行合一,深入到基层中、到人民群众中、到祖国最需要的地方去,在社会的大熔炉里锤炼自己,掌握真才实学。广大青年要解放思想,培养创新思维,在继承前人的基础上不断发掘创新能力,敢于尝试,勇于开拓,在创新中增强自己的本领,在创新中成就一番事业,"勇做走在时代前列的奋进者、开拓者、奉献者,让青春在为祖国、为人民、为民族的奉献中焕发绚丽光彩"③。

(四) 担当大任是时代新人的外在之为

担当复兴大任是时代新人题中应有之义,也是培养合格的社会主义接

---

① 《习近平关于青少年和共青团工作论述摘编》,中共文献出版社 2017 年版,第 16 页。
② 《习近平关于青少年和共青团工作论述摘编》,中共文献出版社 2017 年版,第 5 页。
③ 《习近平关于青少年和共青团工作论述摘编》,中共文献出版社 2017 年版,第 54 页。

班人和建设者、德智体美劳全面发展的有用人才的内在要求。习近平总书记指出:"为实现中华民族伟大复兴的中国梦而奋斗,是中国青年运动的时代主题。"①担当就是"坚持原则、认真负责,面对大是大非敢于亮剑,面对矛盾敢于迎难而上,面对危机敢于挺身而出,面对失误敢于承担责任,面对歪风邪气敢于坚决斗争。"②历史唯物主义告诉我们:人是历史的剧作者,又是历史的剧中人。新时代中国的发展面临着种种挑战,实现中国民族的伟大复兴迫切需要时代新人的担当。青少年要摒弃那种"躲进小楼成一统""事不关己,高高挂起"的狭隘利益观,要树立起逢山开路、遇水架桥、敢为人先、不怕困难的担当精神。时代新人要有正确的时代认知,认清中国特色社会主义进入新时代的大势,同时也准备迎接各种各样的挑战;判断社会主义现代化终将实现的光明前景,同时也应该看到道路的曲折;担当起国家富强、民族复兴、人民幸福的大任,同时也具备着为人民利益牺牲奉献的勇气。

三、时代新人的培育路径:教育引导、实践养成、制度保障有机统一

习近平时代新人观的培育路径主要从强化教育引导、实践养成和制度保障三方面着手,其中教育引导和实践养成是制度形成的基础,制度本身就具有规范和引导作用,通过制度可以更好实现教育的目标指向和规范实践主体本身。三者之间相互贯通、相互支撑,是一个内在统一的有机整体。

(一)强化教育引导,落实思想政治理论课立德树人的根本任务

学校作为教育的主要阵地,承载着培育时代新人的历史使命,对学生的人生观、世界观、价值观具有重要的引导作用,而思想政治理论课是培育时代新人的道德品质、理想信念、本领过硬和担当精神的关键课程。首先,要认识到思想政治理论课的重大意义,思想政治理论课是对时代新人进行马克思主义教育的主渠道,是帮助学生培养高尚道德品质和坚定理想信念的灵魂课程,是事关学生立德成人、担当大任的关键。其次,要坚持社会主

---

① 《习近平关于青少年和共青团工作论述摘编》,中央文献出版社 2017 年版,第 15 页。
② 《十八大以来重要文献选编(上)》,中央文献出版社 2014 年版,第 338 页。

义办学方向,方向决定道路,这是坚持和发展社会主义教育的根本原则。改革开放以来,在市场经济的浪潮中,各种思潮乘虚而入,对学校老师和学生的思想产生了错误的导向,在一定程度上冲击了无产阶级的办学立场,历史和现实告诉我们,我们不能走封闭僵化的老路,也不能走改旗易帜的邪路,只有走自己的道路,才能办好中国的教育事业。再次,加强思想政治教师队伍建设,教师是人类灵魂的工程师,是文明的传播者,立德树人的教育目标要落到实处关键靠教师,培养高水平的思想政治老师对教育引导时代新人具有重要作用。最后,创新创造教育手段,坚持政治性和学理性、价值性和知识性、建设性和批判性、理论性和实践性、统一性和多样性、主导性和主体性、灌输性和启发性、显性教育和隐性教育相统一,把思想政治理论课打造成学生愿意听、喜欢听、主动听的课程。

(二)注重实践锻炼,把新人的外在要求内化为自觉行动

空谈误国,实干兴邦。"实践高于理论的认识,因为它不仅具有普遍性的品格,而且还具有直接现实性的品格。"① 时代新人通过实践把道德素养、理想信念、综合素质等外在要求内化为自觉行动。其一,时代新人可以通过实践锻炼自己的道德品质,"宝剑锋从磨砺出,梅花香自苦寒来",高尚道德的形成并非一日之功,而是一个从低级到高级,从局部到全部的过程,需要青年在实践中不断自省,从而外化为自觉行动。其二,青年需要在实践中不断调整自己的理想和中国梦的关系,青年是现实的人,不是抽象的人,是处在各种社会关系之中的人,因而这就决定青年要把自己的小我融入国家的大我之中,把国家的前途、民族的命运和人民的幸福担负在肩上。其三,青年要通过各种各样的社会实践和基层锻炼来增加自己的本领,青年处于人生的积累阶段,在实践中不断深化自身的认识,在挫折中意识到自己的不足,不断提升自己。其四,青年在实践中自觉担当民族复兴大任,在各行各业攻坚克难,以锲而不舍、驰而不息的奋斗精神为中国梦保驾护航。

(三)构建制度体系,为新人成长提供保障

制度具有根本性、全面性、稳定性和长期性,要想培养一代又一代的时

---

① 《列宁全集(第55卷)》,人民出版社1990年版,第183页。

代新人,少不了制度的保障。十八大以来,党和政府出台了一系列旨在培育时代新人的规章制度,如《中长期青年发展规划(2016—2025年)》《高校思想政治工作质量提升工程实施纲要》《中国教育现代化2035》《加快推进教育现代化实施方案(2018—2022年)》等。首先,规范教育引导,要求党和政府尊重时代新人成长规律,处理好成人和成才的辩证关系,坚持严管和厚爱相结合,坚持规律和引领相统一,把加强时代新人的思想道德建设作为根本任务,用马克思主义武装时代新人,把社会主义核心价值观厚植于时代新人生活的方方面面;其次,不断为时代新人提供可锻炼的舞台,让时代新人在新时代发光发热,在锻炼中培育具有高尚道德素质、理想信念坚定、专业本领过硬和敢于担当大任的时代新人;再次,依法清理和整治社会文化环境,营造良好社会环境,加强校园周边环境治理和安全防范工作,不断优化青少年成长氛围;最后,完善法律法规,加强网络空间治理,牢牢占领互联网宣传思想工作的主阵地,加强网络正面宣传,培养积极向上的网络文化,为时代新人的成长营造一个风清气正的网络空间。

总之,习近平时代新人观的辩证思维特质主要体现在其思维的历史性、全面性和整体性,用辩证思维去把握时代新人观的生成逻辑、基本内涵和培养路径是充分认识习近平时代新人观的根本方法。通过运用唯物辩证法,习近平总书记从多维角度对时代新人应具有的素质构成、精神要素和理想信念等进行了创新和发展,回答了新时代如何培养社会主义接班人和建设者的根本问题,为培养时代新人指明了新道路、新方向和新目标。

新时代解决意识形态安全问题的五大路径

徐世甫

【摘要】 新时代随着我国日益走近世界舞台中央,我国意识形态安全面临全新的挑战。为此,加强经济建设是解决意识形态安全问题的基础;要遵循主体间性,建构交往理性,形成网络舆论引导的统一战线;要开展网络群众路线,实现公众的"微言"与社会主义核心价值观"大义"的统一;要坚定落实意识形态责任制,确保网上意识形态安全;要建构人类命运共同体,阻断西方意识形态霸权。

【关键词】 新时代;意识形态安全;马克思主义;社会主义核心价值观

【作者简介】 徐世甫(1972—),上海政法学院教授。主要研究方向:马克思主义基本原理、意识形态安全。

进入新时代以来,我国综合国力持续增强,取得了一系列举世瞩目的成就,我国日益走近世界舞台中央,特别是近来我国在抗击新冠肺炎战役中彰显的制度优势,让少数国家到处无端抹黑,企图遏制打压我国发展,意识形态斗争更加凸显。

一、加强经济建设是解决意识形态安全问题的基础

根据马克思主义基本原理,经济基础决定上层建筑,因此要解决好意识形态这一上层建筑存在的问题,必须首先到经济基础中去寻找答案,这样解决意识形态安全问题才有了坚实的根基,就不会成为无源之水、无本之木,不会成为置于虚无之上的空中楼阁。因此在新时代,解决意识形态安全存在的一些问题,最根本的仍然是牢牢抓住经济建设这一中心,艰苦奋斗,让人民过上小康生活、美好生活,使人民从内心里认同、信仰马克思主义的真理性、科学性,点赞、肯定中国特色社会主义的优越性,这既是从每个人的日常生活来确保我国意识形态安全,又是我国抵御西方霸权主义的意识形态入侵的重要法宝。因此要大力加强经济建设,特别是与人们息息相关的民生建设,让人们有获得感,有实实在在的"得到",它是有许多可定量化的标准检验的,如有房住,有班上,收入持续增加,能接受优质教育,能看得起病,养老有保障,出门交通畅通等,这些都是看得见、摸得着的"获得感"。有了这些"得到"和"获得感",人们必然会自发或自觉地巩固马克思主义在意识形态领域的主导地位,必然会自发或自觉地维护中国特色社会主义制度,意识形态安全自发或自觉地得到落实。

如何使人们有获得感?首先,民生是最大的政治,是维护意识形态的底色工程。因此在思想上时时绷紧关注市民疾苦这根弦,在日常工作中要把一切工作的出发点和归宿点都落实到切实提高人民小康生活、美好生活这个根本利益上来。其次,要了解民生民意。除了深入基层实践外,网络是一重要新渠道。正如习近平总书记所说:"网民来自老百姓,老百姓上了网,民意也就上了网。群众在哪儿,我们的领导干部就要到哪儿去,不然怎么联系群众呢?各级党政机关和领导干部要学会通过网络走群众路线,经常上网看看,潜潜水,聊聊天,发发声,了解群众所思所愿,收集好想法好建议,积极回应网民关切、解疑释惑","让互联网成为我们同群众交流沟通的新平台,成为了解群众、贴近群众、为群众排忧解难的新途径"①。政府要充分利

---

① 《习近平谈治国理政(第二卷)》,外文出版社2017年版,第336页。

用网络广泛倾听民声,打捞民意,切实解决民生诉求。在网络上,人们更容易说真话,从而可能更真切地看到人们的疾苦,这样就可以对症下药,为实现精准扶持与定向建设提供前提。最后,要实实在在地落实落地。这需要以菜单式、项目制等方式实实在在推进经济建设、民生工程建设,让改革发展成果更多更公平地惠及更广大人民。自2008年世界金融危机以来,中国的经济呈现"风景这边独好"的新气象。正如习近平总书记在十九大报告所说:"坚定不移贯彻新发展理念,坚决端正发展观念、转变发展方式,发展质量和效益不断提升。经济保持中高速增长,在世界主要国家中名列前茅,国内生产总值从五十四万亿元增长到八十万亿元,稳居世界第二,对世界经济增长贡献率超过百分之三十。供给侧结构性改革深入推进,经济结构不断优化,数字经济等新兴产业蓬勃发展,高铁、公路、桥梁、港口、机场等基础设施建设快速推进。农业现代化稳步推进,粮食生产能力达到一万二千亿斤。城镇化率年均提高一点二个百分点,八千多万农业转移人口成为城镇居民。区域发展协调性增强,'一带一路'建设、京津冀协同发展、长江经济带发展成效显著。创新驱动发展战略大力实施,创新型国家建设成果丰硕,天宫、蛟龙、天眼、悟空、墨子、大飞机等重大科技成果相继问世。南海岛礁建设积极推进。开放型经济新体制逐步健全,对外贸易、对外投资、外汇储备稳居世界前列。"①经济建设取得的巨大成就不仅是我国抵御西方意识形态入侵,维护我国意识形态安全的最重要法宝,而且我国越来越走向世界舞台中央,向世界展示中国特色社会主义的魅力。虽然我们不向世界推销中国模式,不"输出"中国模式,但是我国社会主义制度自身发散出的优势与辐射出的影响力,像磁石一般吸引着世界上许多国家羡慕的目光,世界上越来越多的国家认同、支持中国,"一带一路"倡议就是例证,截至2018年5月,已有80多个国家和国际组织同我国签署了共建"一带一路"合作协议,亚投行"朋友圈"好友增至86个。从这个意义上,我国意识形态安全正改变被动维护的局面,进入更加自信——意识形态自信、意识形态强盛的新时代,也就是说我国意识形态建设也进入了新时代。

---

① 习近平:《决胜全面建成小康社会 夺取新时代中国特色社会主义伟大胜利——在中国共产党第十九次全国代表大会上的报告》,人民出版社2017年版,第3页。

二、遵循主体间性,建构交往理性,形成网络舆论引导的统一战线

网络舆论引导就是通过话语再生产,引导方与被引导方之间进行充分的信息沟通和话语交流,把被引导方引导到主流意识形态上来,从而维护意识形态安全。因此它涉及引导方和被引导方,也就是涉及引导方即引导主体和被引导方即引导客体。但是在网络上由于被引导方不仅是话语的消费者,而且是话语的生产者,成为舆论的生产消费者(prosumer),因此就不能再将其只看作对象化的客体了,而是要把其看作与自己平等的主体,也就是说引导者与被引导者形成了"主体—主体"的结构,这就是主体间性结构。所谓主体间性,具体地说,就是指各主体之间通过平等自由的交往、对话等所形成的理解性、共识性与和谐共处性。它是对"主体—客体"对立关系的扬弃和超越,形成的是"主体—主体"对等范式,处于共同体的人与人之间真正形成平等自由关系,相互理解与相互尊重,无话语霸权和个人中心,最终实现主体之间的共识与合作乃至行动。由此可见,主体间性不再把人与人之间的关系看作是对立的,给予每个人以尊重和尊严,而且各个主体都有自己的反思与判断能力,具有非同一性。"根据主体间性,自我能够和另一个自我相认同,但不放弃他和他人之间的非同一性。"①正是由于这种交互性、平等性、共识性与和谐共处性,才有可能把异化的话语、与主流意识形态不同一的话语引导到主流意识形态上来。主体间性要求在具体的引导过程中,引导双方都要有宽容、容忍的精神。舆论引导很大程度上表现为引导方与被引导方的对话。真正的对话双方都要有宽容的精神。"对话最低的要求便是容忍,如果互相不能容忍,就无法对话。只是容忍不行,还要接受对方的存在。只有接受对方的存在才可能发展尊重,有了尊重才有可能互相参照,能够互相参照才能互相学习,这个过程非常艰巨。通过容忍,通过承认,互相尊重,互相参照,互相学习,这种心态本身非常重要的。"②通过对话得出的共识是建立在反思平衡基础上的,即"它的

---

① 哈贝马斯:《作为意识形态的技术与科学》,李黎、郭官义译,学林出版社 2000 年版,第 27 页。
② 《杜维明思想学术文选》,上海古籍出版社 2014 年版,第 558—559 页。

证明是一种许多想法的相互印证与支持,是所有观念都融为一种前后一致的体系"①。也就是说,在网络舆论引导中,引导各方都必须根据情境不断地对自我进行动态修正。要让步,改变固化的自我,让步常常就是进步。舆论引导的结果本身是各方相互妥协、协商、宽容的结果,这样才能真正体现平等性,才能最大限度地把与主流意识形态不一的想法、话语引导到主流意识形态上来。

此外,在网络舆论引导时建构交往理性对维护意识形态安全具有重要价值。何为交往理性?交往理性是哈贝马斯交往行为理论的重要构件。它是为了确保人们之间的合法合理的交流沟通而建立起来的一种新理性,它的本质就是一种话语再生产。这与舆论引导具有同构性,舆论引导实际上也是话语再生产,是人们之间通过理性的交流与沟通而得以实施的。为了做到理性交流,它要超越引导者视被引导者为手段的工具理性。而交往理性恰恰又是超越了之前的只把理性作为手段的工具理性,哈贝马斯说:"这一概念是在公众的质疑声中逐步发展起来的,是对理性被扭曲为认识——工具理性的反驳。"②"这种交往理性概念的内涵可以还原为论证话语在不受强制的前提下达成共识这样一种核心经验,其中,不同的参与者克服掉了他们最初的那些纯粹主观的观念,同时,为了共同的合理信念而确立起了客观世界的同一性及其生活语境的主体间性。"③也就是说交往理性克服了工具理性的手段性、功利性,呈现出一种在无偏见、无霸权的交往行为下,各交往互动的平等主体之间以事实性、真理性为圭臬而达成共识的新理性,共识是其核心。当然这种共识是在交往行为中达成的。所谓"交往行为概念所涉及到的是至少两个以上具有言语和行为能力的主体之间的互动,这些主体使用(口头的或口头之外的手段),建立起一种人际关系。行为者通过语境寻求沟通,以便在相互谅解的基础上把他们的行为计划和行为协调起来"④。舆论引导同样是在引导者和被引导者之间进行话

---

① 罗尔斯:《正义论》,何怀宏、何仓钢、廖申白译,中国社会科学出版社2001年版,第20页。
② 章国锋:《关于一个公正世界的乌托邦》,山东人民出版社2001年版,第13页。
③ 哈贝马斯:《交往行为理论(第一卷)》,曹卫东译,上海人民出版社2004年版,第10页。
④ 哈贝马斯:《交往行为理论(第一卷)》,曹卫东译,上海人民出版社2004年版,第84页。

语沟通,属主体之间话语交往行为,而且要持续地沟通,持续地进行话语再生产,直至最终达成共识,即最终都引导到主流意识形态上来。只有引导到主流意识形态上来,才可以说实现了舆论引导,也才真正维护了意识形态安全。

  这种交往理性不仅适用在一个国家内部具有同质文化的人们中间进行意识形态话语的引导,而且也适合在国与国之间意识形态不同的人们之间进行彼此的协商和达成共识。哈贝马斯曾说:"应当用相互理解、宽容、和解的立场处理不同的价值观和道德观,乃至不同文化传统之间的差异与冲突。我认为我提出的交往行为理论和话语伦理学同样适用于处理国际关系和不同文化类型之间的矛盾。"①由此,交往理性既适用于国内又适用于国际上发生的意识形态问题与冲突。具体来说:首先,当意识形态的话语冲突发生后,舆论引导也就是通过双方的交流交谈而实现的,无论是引导者还是被引导者,"谈话双方都自觉地把话讲得让对方理解。否则,如果谈话双方彼此不理解对方的话,真正的交流也就不存在",舆论引导也就无从谈起。因此,为了实现舆论引导,达到引导到主流意识形态上来,谈话双方都自觉地遵守可理解性这一规范,这可以说是舆论引导的前提,引导方和被引导方必须理解对方说话的真实意思,否则越引导越南辕北辙。其次,在舆论引导中,"谈话双方都自觉真诚地表达自己的意思,而不是有意地误导对方。否则,如果谈话双方彼此有意地误导对方,真正的交流也就不存在",舆论引导同样也就无从谈起,为了成功实施舆论引导,双方都自觉地遵守真诚这一规范。这种真诚性在意识形态危机的舆论引导中往往会起到事半功倍的效果,往往一句真诚的话语就会让炽热的舆情降温;而那些故意误导对方的信息,一旦为被引导者发现,公众就会火上浇油,舆情更是一发不可收拾。再次,在舆论引导中,"谈话双方都应该自觉地尽自己所知所能使自己的谈话具有真理的成分,如果发觉自己所说的话不具有真理的成分,是错误的,就要马上修改自己的话。否则,谈话双方彼此交流的就不是真理,真正的交流也就不存在",舆论引导同样也就无从谈起,为了

---

① 霍尔斯特:《哈贝马斯传》,章国锋译,东方出版中心2000年版,第152页。

成功实施舆论引导,双方都自觉地遵守真理性这一规范。也就是说,在舆论引导时,一定要以弘扬主流意识形态的正能量为依据,这是舆论引导的根本,只有以事实为根据,才能真正说服被引导者,从而成功实现舆论引导。最后,在舆论引导中,"谈话双方都自觉地相互讨论和批判性的辩论中有最好的论据和论证,它应该是相互讨论和批判性的辩论中的胜者。否则,如果谈话双方彼此在交往中依靠的不是好的论点、论据、论证,而是权力或其他制度的力量,真正的交流也就不存在",舆论引导同样也就无从谈起,因此,双方要遵守正确的规范。主流意识形态就是正确的规范,它是历史与人民的选择,弘扬的是社会正能量,推动的是社会进步。最后,还要充分调动舆论引导各方的积极性和主动性,建立了一个以党委与政府为核心,由媒体、意见领袖和普通公众共同组成的网络舆论引导的统一战线,达成政府、媒体、公众三种舆论同唱和谐之声的最佳网络舆论生态,网络意识形态安全随之得以实现。

三、开展网络群众路线,实现公众的"微言"与社会主义核心价值观"大义"的统一

意识形态存在的问题直接来说表现在舆论的生产和传播,意识形态的冲突呈现在舆论场的话语权争夺上,当前互联网已经成为意识形态领域斗争的主战场,舆论工作又处在意识形态斗争最前沿。此外,来自西方的意识形态也通过网络进行渗透。如何提高舆论引导力,把部分公众的异化舆论引导到政府主导的舆论上,形成民间舆论场与官方舆论场在意识形态上的统一、合一,如何阻断西方意识形态的网络入侵,确保国内网络舆论场的统一性,成为新时代意识形态工作要解决的重大难题。解铃还须系铃人,必须直接从互联网上的舆论入手,加强网络舆论引导是维护意识形态安全的重要手段。

新时代的舆论引导重点必然是在网络上,传统媒体的严把关机制确保了传统媒体上意识形态的绝对安全,但在网络上由于其弱把关机制,每个网民都可以生产观点、传播观点,意识形态安全处于相对的不确定状态和

风险状态。特别是一些群众在现实社会中受到伤害与不公,而网络往往被看作弱者展示伤痕的地方,是弱者相互取暖的地方,因此许多受伤害的人就聚集到网络上众声喧哗,特别是当遇到突发事件时,常常会发表一些不当言论,甚至会把自己受到的不公连坐到党和政府,从而把自己的话语升级到有可能损害意识形态安全的境地。习近平总书记教导广大干部和舆论引导者要开展网络群众路线,了解网民所思所想,解决网民的所期所盼。习近平说:"很多网民称自己为'草根',那网络就是现在的一个'草野'。网民来自老百姓,老百姓上了网,民意也就上了网。群众在哪儿,我们的领导干部就要到哪儿去,不然怎么联系群众呢?各级党政机关和领导干部要学会通过网络走群众路线,经常上网看看,潜潜水、聊聊天、发发声,了解群众所思所愿,收集好想法好建议,积极回应网民关切、解疑释惑。善于运用网络了解民意、开展工作,是新形势下领导干部做好工作的基本功。各级干部特别是领导干部一定要不断提高这项本领。"①针对少数网民的异化言论,习近平总书记以博大胸怀语重心长地说:"网民大多数是普通群众,来自四面八方,各自经历不同,观点和想法肯定是五花八门的,不能要求他们对所有问题都看得那么准、说得那么对。要多一些包容和耐心,对建设性意见要及时吸纳,对困难要及时帮助,对不了解情况的要及时宣介,对模糊认识要及时廓清,对怨气怨言要及时化解,对错误看法要及时引导和纠正,让互联网成为我们同群众交流沟通的新平台,成为了解群众、贴近群众、为群众排忧解难的新途径,成为发扬人民民主、接受人民监督的新渠道。"②

在网络上,特别是微博微信等自媒体中,由于有微技术的支持,公众的主体性得以真实呈现。舆论引导者可通过阅读公众的微博微信,并通过评论、私信等方式,全方位了解公众。从公众的微博微信中,体察公众的微想法。而且在匿名化的互动中,公众更易真实地表达自我,把自己的问题、想法真实地讲述出来。此外,在微博微信上,舆论引导者由于与公众处于平等自由的主体地位,更易拉近与公众的距离,网络舆论引导双方之间具有了更大的亲和性,主体间性真正得到建构与重构,这样人文关怀与心理疏

---

① 《习近平谈治国理政(第二卷)》,外文出版社2017年版,第335-336页。
② 《习近平谈治国理政(第二卷)》,外文出版社2017年版,第336页。

导就可做到细致入"微",往往舆论引导就在润物无声中得到贯彻落实,吸引力与感染力一同建构起来。

当发觉一些与主流意识形态这个"大义"非同一性的"微言"后,舆论引导者要用公众可接受的"微言"来进一步沟通,用"微言"打动被引导对象,用社会主义核心价值观这个"大义"去引导、超越体制边界的异化的"微言",实现社会主义核心价值观这个"大义"与公众的"微言"进行柔性的"微对接",对意识形态安全可能存在的问题"定点清除",达到公众"微言"与社会主义核心价值观这个"大义"的结合与统一,达到意识形态安全的目的。总之通过舆论引导,形成一个意识形态安全话语的同心圆。这个同心圆就是习近平总书记所说:"什么是同心圆? 就是在党的领导下,动员全国各族人民,调动各方面积极性,共同为实现中华民族伟大复兴的中国梦而奋斗。"[1]建构以舆论引导来维护意识形态安全的同心圆,就是要通过对意识形态存在的问题与危机的化解,为实现中华民族伟大复兴的中国梦而奋斗。因此,意识形态的舆论引导任务重大、意义深远。

四、坚定落实意识形态责任制,确保网上意识形态安全

2015 年 10 月,中共中央办公厅印发了《党委(党组)意识形态工作责任制实施办法》,指出要强化党管宣传、党管意识形态,牢牢掌握意识形态工作的领导权主动权。要进一步明确各级领导干部的意识形态工作责任,坚决守好"责任田"。要不断改进和加强宣传思想工作,着力加强宣传思想阵地建设与管理,进一步加强思想政治教育队伍建设。要高度重视网络安全,进一步提升网络舆论引导水平,严密防范网上意识形态渗透,牢牢把握网络意识形态主导权。这对于落实网上意识形态责任制,维护网络意识形态安全具有指导意义。

第一,加强组织领导,严把组织关。

管理好网络意识形态安全,一定意义上说组织关是最重要的环节,因

---

[1] 《习近平在网络安全和信息化工作座谈会上的讲话》,《人民日报》,2016 年 4 月 26 日。

为组织具备科层制的严格的层级性,这是层层落实意识形态安全工作的重要抓手。把各个层级的职责真正建立起来,按照"谁主管、谁负责、分级负责"的原则,形成党委统一领导、党政齐抓共管、宣传部门组织协调、有关部门分工负责、底层个体直接把关的从上到下、相互联动、分类处置的工作格局。这其中特别要细化、量化主要领导责任、重要领导责任、主体责任、直接责任、个人责任等责任清单,做到"必须守土有责、守土负责、守土尽责"。如果失职,就必须进行严肃问责,进行相应的处罚,这样层层传导压力,处处绷紧神经,就会改变那种"说起来重要,做起来次要,忙起来不要"的局面,从而通过发挥组织的强大力量优势,网络意识形态安全就能够层层落细、落小、落实。

第二,对于网络上出现的危害意识形态安全的现象要从讲政治的高度坚决加以扫除。

对于网上出现的错误思潮和言论,应当敢抓敢管、敢于亮剑,及时有效地发出声音,并旗帜鲜明地表明立场、亮明态度,理直气壮地加以批驳,有理有利有节地开展思想舆论斗争。正如习近平总书记强调的:"在事关大是大非和政治原则问题上,必须增强主动性、掌握主动权、打好主动仗,帮助干部群众划清是非界限、澄清模糊认识。"①

第三,利用网络主动出击,积极掌控网络舆论话语权。

意识形态主管部门不能总是被动地围追堵截,而是要积极地发声,争夺国际话语权,这也是意识形态安全主管部门的职责。新时代我国在经济、政治、文化等各方面取得的成就是我们掌控舆论话语权的底气,我们必须要把这些成就讲清讲透,通过网络客观地向世界展现,要多做也要多说,能够发声、主动发声、及时发声、善于发声,从而在国际互联网上赢得我们应该拥有的话语权。习近平总书记指出:"争夺国际话语权是我们必须解决好的一个重大问题。"我们要精心构建对外话语体系,发挥好新兴媒体作用,增强对外话语的创造力、感召力、公信力,讲好中国故事,传播好中国声音,阐释好中国特色。让中国故事成为国际舆论关注的话题,让中国声音

---

① 《习近平谈治国理政》,外文出版社2014年版,第155页。

赢得国际社会理解和认同。把我国社会主义制度的优越性和魅力充分地说出来、传播出去,重点是做到"四个讲清":"宣传阐释中国特色,要讲清楚每个国家和民族的历史传统、文化积淀、基本国情不同,其发展道路必然有着自己的特色;讲清楚中华文化积淀着中华民族最深沉的精神追求,是中华民族生生不息、发展壮大的丰厚滋养;讲清楚中华优秀传统文化是中华民族的突出优势,是我们最深厚的文化软实力;讲清楚中国特色社会主义植根于中华文化沃土、反映中国人民意愿、适应中国和时代发展进步要求,有着深厚历史渊源和广泛现实基础。"①这"四个讲清"是抵御西方意识形态入侵的重要法宝。

第四,全面提升网络意识形态工作队伍的素质,把意识形态工作责任制落细、落小、落实。

随着网络日新月异的发展,一方面是技术的不断变迁,另一方面是思想观念的持续更新,意识形态安全问题也不断地花样翻新,网络意识形态工作队伍也必须递进式地跟进,否则就会出现"本领恐慌"。一旦出现本领危机,那么意识形态责任制就不能落到实处。为此必须通过专业培训、实践锻炼等手段提高意识形态工作队伍的政治素质、业务素质,让有理想的人讲理想,有信仰的人讲信仰,要让搞意识形态的人有尊严、有自信、有底气、有发展。与此同时要提升他们的马克思主义理论素质和维护意识形态安全的能力,提升他们分析研判各种复杂的意识形态安全危机的能力,使他们能够及时识别危害意识形态安全的网络"马甲"。对于那些在维护网络意识形态安全一线敢于亮剑、敢抓敢管的同志,要给予一定的物质奖励,更要给予其精神上的鼓励与支持,解决好他们的发展问题,充分调动他们工作的积极性和创造性。

五、建构人类命运共同体,阻断西方意识形态霸权

在十九大报告中,习近平总书记指出,坚持和平发展道路,推动构建人

---

① 《习近平谈治国理政》,外文出版社2014年版,第155—156页。

类命运共同体,共同创造人类的美好未来!这对于新时代下维护意识形态安全具有重要指导意义,为解决意识形态入侵、阻断意识形态霸权提供了中国方案。

当今世界随着经济全球化、网络一体化,互联网技术推动着人类生活在地球村这个共同体中,各国人民及各国之间日益相互依存、命运与共,越来越成为你中有我、我中有你的命运共同体,利益高度融合,彼此相互依存。但是在这个共同体中,人与人之间、国与国之间如何共处成为一个现实问题。从意识形态安全的角度来看,西方发达资本主义国家不断地通过网络对我国进行意识形态渗透,不断地利用网络对我国实施网络意识形态战争,因此这个共同体非常不太平。在马克思看来,在共同体中只要存在着一个阶级剥削压迫另一个阶级,而被剥削、被压迫的阶级根本没有表达自己利益的可能,共同体的利益实际上只是占统治地位的阶级的利益,那么这样的共同体就是"虚幻的"和"冒充的"。"正是由于特殊利益和共同利益之间的这种矛盾,共同利益才采取国家这种与实际的单个利益和全体利益相脱离的独立形式,同时采取虚幻的共同体的形式,"①"由于这种共同体是一个阶级反对另一个阶级的联合,因此对于被统治阶级来说,它不仅是完全虚幻的共同体,而且是新的桎梏。"②"真正共同体"应该是"各个人在自己的联合中并通过这种联合获得自己的自由"③,呈现出"自由人的联合体"。此时,组成共同体的成员不仅追求利益的真正实现,而且追求自我自由与全面发展,大家是平等的、自由的,共同体成员不再把共同体中他人看作自己的对立面、自己自由的限制,而是看作与自己的统一体,每个人都是作为独立自主自由的人而存在的,人人得到全面发展,人人的利益与共同体的利益一致,人的本质由此得到真正实现。也正是如此,马克思得出了"人的本质是人的真正的共同体"的著名论断。人的本质就是共同体的本质,人的本质正是在真正的共同体中才得到实现的。

然而在现今地球村化了的世界共同体中,一些大国、强国为了维护自

---

① 《马克思恩格斯选集(第1卷)》,人民出版社1995年版,第84页。
② 《马克思恩格斯选集(第1卷)》,人民出版社1995年版,第119页。
③ 《马克思恩格斯文集(第1卷)》,人民出版社2009年版,第571页。

己的政治、经济利益,根本不顾别国利益,利用自己强大的经济优势、军事实力和网络舆论机器欺压弱国、小国,向他国强行输送自己的价值观和文明观,推行所谓的普世价值,造成文明的冲突与意识形态的战争,这种思想殖民主义、文化霸权主义的抬头和意识形态入侵,给他国的人民带来巨大灾难。习近平总书记讲得很直接:"冷战结束以来,在西方价值观念鼓捣下,一些国家被折腾得不成样子了,有的四分五裂,有的战火纷飞,有的整天乱哄哄的。如果我们用西方资本主义价值体系来剪裁我们的实践,用西方资本主义评价体系来衡量我国发展,符合西方标准就行,不符合西方标准就是落后的陈旧的,就要批判、攻击,那后果不堪设想!"①西方霸权主义就是通过扰乱思想后再去争夺阵地、争夺人心、争夺群众。如何守住这种意识形态入侵的防线,如何超越西方列强的文化殖民主义,习近平总书记提出的人类命运共同体就是一条路径。

在十九大报告中,习近平总书记指出,世界面临的不稳定性、不确定性突出,人类面临许多共同挑战。没有哪个国家能够独自应对人类面临的各种挑战,也没有哪个国家能够退回到自我封闭的孤岛。因此,各国人民要同心协力,构建人类命运共同体,建设持久和平、普遍安全、共同繁荣、开放包容、清洁美丽的世界。政治上,要坚持国家不分大小、强弱、贫富一律平等。要相互尊重、平等协商,坚决摒弃冷战思维和强权政治,走对话而不对抗、结伴而不结盟的国与国交往新路。在经济上,要同舟共济,促进贸易和投资自由化便利化,推动经济全球化朝着更加开放、包容、普惠、平衡、共赢的方向发展。在文化上,以文明交流超越文明隔阂、文明互鉴超越文明冲突、文明共存超越文明优越,共同保护好人类赖以生存的地球家园。这些重大论断正是马克思"真正的共同体"思想提倡的主体之间自由平等、自我利益与共同体利益合一、全面共赢式发展等思想在当代的具体实践,由此人类命运共同体与真正的共同体在本质上也是一致的。

人类命运共同体思想是以习近平同志为核心的党中央为解决人类问

---

① 《习近平谈治国理政(第二卷)》,外文出版社2017年版,第327页。

题而提供的中国智慧和中国方案,具有重大历史意义。它发展了马克思"真正的共同体"思想。它在继承马克思"真正的共同体"思想精髓的基础上,关注国家之间的本质关系,强调国家与国家的主体间性,聚焦国家之间结成的共同体如何运转,思考"建设一个什么样的世界、怎样建设世界"这一关乎人类前途命运的重大课题,回答新时代下世界各国在地球村这个共同体内部如何相处的国际难题,对于世界和平发展与繁荣进步,对于超越意识形态你争我斗,阻断西方意识形态霸权具有重大指导意义。

当前,正在迈向全面建成小康社会的中国,国内生产总值已稳居世界第二,对世界经济增长贡献率超过百分之三十,多项经济指标、科技成果位于世界前列,中国特色社会主义进入新时代,取得了举世瞩目的巨大成就,国际影响力、感召力、塑造力进一步提高,正日益走近世界舞台中央,中国真的逐渐强起来,因此才会有那么多的共同体成员愿意聆听中国声音。也正是如此,我们不仅要向世界出口物质产品,而且更要向世界出口中国的精神文化产品,传播中国声音,弘扬中华文明,贡献中国智慧。这既是新时代中国特色社会主义的应有内容,又是地球村中爱好和平发展的人们的呼唤与期盼,更是中国强起来的标志。事实上,深度融入世界共同体的中国已完全有能力回应这种呼唤与期盼,有信心也有责任为世界和平与发展作出新的更大的贡献。构建人类命运共同体,正是体现了中国的全球责任与时代担当。

人类命运共同体思想为地球村这个共同体发展提供了中国方案,为人类命运的未来前景提供了方向。当前处在地球村中的世界各国,彼此之间的交流交往成了新常态,互动频繁,联系密切。其结果正如习近平总书记所说,一方面,物质财富不断积累,科技进步日新月异,人类文明发展到历史最高水平。另一方面,地区冲突频繁发生,恐怖主义、难民潮等全球性挑战此起彼伏,贫困、失业、收入差距拉大,世界面临的不确定性上升。此外,经济反全球化、逆全球化思潮暗流涌动,各种社会政治思潮激烈交锋,全球思想文化持续地交流交融交锋,不稳定不确定因素增多,义务论、威胁论、危机论此起彼伏,遏制与反遏制、渗透与反渗透、分化与反分化从未间断。由此可见各国之间在增加交流的同时,摩擦与问题也在增加,共同体内部充满了离心力。世界到底怎么了？人类该怎么办？人类命运共同体思想恰好为此提供了中国方案，已受到世界各国的高度评价和热烈响应，成为当今国际社会高频引用、广为赞誉的一个热词，被多次写入联合国文件，为人类命运的未来前景提供了方向，也为各国妥善解决意识形态纷争，确保意识形态安全提供了方案，这是新时代中国特色社会主义对世界作出的重大历史贡献，它的巨大作用必将随着人类社会历史的发展而越来越发扬光大。

新时代中国特色社会主义生态文明建设理论探析

陈 宝 张晗琦

【摘要】 党的十八大以来,以习近平同志为核心的党中央领导全党全国人民大力推动生态文明建设的理论创新、实践创新和制度创新,开创了社会主义生态文明建设的新时代。新时代中国特色社会主义生态文明建设理论的形成有其思想理论基础、现实需求以及对未来的展望。

【关键词】 生态文明;天人合一;绿水青山

【作者简介】 陈宝(1974—),哲学博士,上海政法学院副教授,硕士生导师。主要研究方向:马克思主义理论、思想政治教育。张晗琦(1998—),上海政法学院硕士研究生。主要研究方向:马克思主义基本原理。

改革开放以来,随着我国经济高速发展,环境问题不断凸显。特别是进入 21 世纪以来,由于资源、环境、生态危机,生态文明建设越来越受到中国共产党人的重视和关注。党的十六届三中全会提出的科学发展观为生态文明建设提供了更加有效的指南。科学发展观,第一要义是发展,核心是以人为本,基本要求是全面协调可持续。保护生态环境就是人与自然要和谐共处,科学发展观要求我们坚持可持续发展,坚持以人为本,保护自然环境,节约资源和能源。"要求社会主义构建和谐社会,构建经济建设、政治建设、社会建设、生态文明建设协调发展的社会,是人与人、人与社会、人与自然整体和谐的社会。"①在积极贯彻和落实科学发展观的基础上,党的十八大指出:"建设生态文明,是关系人民福祉、关乎民族未来的长远大计。面对资源约束趋紧、环境污染严重、生态系统退化的严峻形势,必须树立尊重自然、顺应自然、保护自然的生态文明理念,把生态文明建设放在突出地位,融入经济建设、政治建设、文化建设、社会建设各方面和全过程,努力建设美丽中国,实现中华民族永续发展。"②党的十八大为生态文明建设指明了正确的方向。以习近平同志为核心的党中央把生态文明建设作为统筹推进"五位一体"总体布局和协调推进"四个全面"战略布局的重要内容,坚持人与自然和谐共生的自然观,坚持绿水青山就是金山银山的发展观,开展了一系列根本性、开创性、长远性工作,提出一系列新理念、新思想、新战略,形成了新时代中国特色社会主义生态文明建设理论。新时代中国特色社会主义生态文明建设理论是马克思主义中国化的最新理论成果,是指导当前国家科学发展的重要理论指南。

一、新时代中国特色社会主义生态文明建设理论的思想理论渊源

中国传统文化和马克思主义理论蕴含着许多人与自然和谐相处的思想,体现了与现代生态文明相契合的生态智慧,这一智慧,为新时代中国特色社会主义生态文明建设理论的形成和确立提供了重要的思想理论渊源。

(一)儒家文化中的生态文明思想

儒家文化中的"天人合一"是生态文明思想的体现,"天人合一"中"天"就是指人之外的万物,即指人与自然万物要和谐共生,人依靠自然万物而生存,自然万物需要人来保持平衡。"天人合一"的思想要求当时的统治者不仅要爱民,还要关注自然万物的发展,要协调好人与自然的发展。自然

---

① 《毛泽东思想和中国特色社会主义理论体系概论》,高等教育出版社2018年版,第163页。
② 胡锦涛:《坚定不移沿着中国特色社会主义道路前进 为全面建成小康社会而奋斗——在中国共产党第十八次代表大会上的报告》,人民出版社2012年版,第36页。

与人之间是可以相互感应的,人的善恶会导致"天"的好坏,人们所做的善事可以带来自然的安稳平和,人们所做的恶事会招致自然的失衡破坏。孟子倡导"天时地利人和",主张尽心、知性、知天,其"上下与天地同流"的理想境界,可谓儒家"天人合一"思想的代表。西汉儒学代表人物董仲舒发展了"天人合一"思想,提出"天人感应"理论,强调人类对真理的追求要遵循自然规律。宋代理学家的"万物一体"论等也表达了儒家文化强调人与自然和谐相处的哲学思想。"天人合一"要求人们密切联系自然,特别是在农业为主的古代中国,自然的稳定对人民的生存有十分紧密的关系,这就形成了我国古代社会关注人与自然和谐共处的传统文化。

儒家"中庸"之道也要求人与自然之间和谐,主张人与自然之间的关系要调和及适中。"中庸之为德也,其至矣乎!民鲜久矣。""中庸"是孔子的最高道德标准,无论在人的发展还是国家的发展中,"中庸"之道都是最高的标准和追求。"中庸"要求折中,无过,也无不及。将"中庸"落实于生态文明方面,即要求人与自然的关系调和、和谐,人们在自然中生存,从自然万物中获取生存所需,这种索取需要适度,保证在自然自愈能力范围内进行索取,不能"焚林而田,竭泽而渔"。儒家的"仁"的思想理念对生态文明建设也有一定影响,"苟志于仁矣,无恶也"。儒家的"仁"是指对一切生命的关爱,儒家的"仁爱"是一种泛爱,来源于"天人合一"的观念,儒家的"仁爱"要求人们泛爱大众,关爱一切生命,包含虫鱼鸟兽、花草树木这些自然万物,这对于我们今天在推进生态文明建设的过程中,倡导人与自然和谐相处依然有重要的启示。

(二)道家思想中的生态文明思想

道家思想中的"道法自然"思想要求人类效法自然规律,找到人类的生存法则和制定社会秩序。"人法地,地法天,天法道,道法自然。"道法自然是老子哲学的主要观点,"尊道贵德"是《老子》理论的核心。老子把"道"提升到自然总规则的高度。"道"是人类追求的最高境界。圣人之治就是按"无为"的原则,符合"天道自然本性"的原则,"道常无为而无不为","为无为,则无不治"。老子认为,人们的行为如果顺从了自然大道,就会无灾无害,甚至会永恒不朽;如果违背了自然大道,就会受到惩罚,走向自己意愿的反面。自然有其自身的规律,人为地去改变它,反而带来恶果。遵循自然规律,反对人为束缚,这是《道德经》告诉我们的至深哲理。按照这一原则,过顺乎自然的生活,是人的最高德行。老子希望人们与自然对话,遵循自然规律并且按照自然规律发展人和社会的规律。自然发展的规律是自然界所有物种都必须遵循的,作为自然界中重要的一环,人类必须严格遵循自然发展规律,与自然和谐共生。老子提倡无为而治,顺应万物自然发生,不需要过多干涉。"顺应自然,是人与自然相处时应遵循的基本原则,要求人顺应自然的客观规律,按自然规律办事。"①

(三)佛教思想中的生态文明思想

佛教认为,生命主体和生存环境作为同一整体是相辅相成、密不可分的,一切现象都处在相互依存、相互制约的因果联系中,一切生命都是自然界的有机组成部分,离开自然界,生命就不可能存在,因此,天地同根,万物一体,世间万事万物处于不断流变和循环之中。佛教提倡静心寡欲,戒杀生,提倡放生。在佛教看来,环境问题的产生主要是由于人类为了满足自己的贪欲,过度消耗能源和资源,而又不注重环境保护造成的。佛教思想提倡人们降低物欲,不过分追求物质利益,不能无节制地发展工业。佛家提倡吃素不杀生,对于维护生态系统平衡有一定意义,其所提倡的进行合理的放生也有利于生态环境的恢复和发展。佛教主张要保持生态环境在一个平衡的范围内的健康发展,人对自然既要合理利用,又要积极保护,这对于解决当今世界由于工业化和无限制地征服自然而带来的环境污染、生态失衡等问题,对于中国正在进行的生态文明建设无疑具有重要的理论意义和现实意义。

(四)马克思、恩格斯对人与自然关系的研究

马克思、恩格斯高度重视自然界对人类具有的优先地位和对社会发展的基础作用,揭示了自然对人的先在性以及人对自然的依赖性,为此甚至把自然界看作是人的身体,以此来比喻自然界对于人类以及社会的基础性地位。马克思说:"自然界,就它自身不是人的身体而言,是人的无机的身体。人靠自然界生活。这就是说,自然界是人为了不致死亡而必须与之处

---

① 《毛泽东思想和中国特色社会主义理论体系概论》,高等教育出版社2018年版,第238页。

于持续不断的交互作用过程的、人的身体。"①离开自然,人就失去了与之进行物质、能量、信息变换的对象,从而就无法获得物质生活资料。在此意义上,马克思强调了自然界是人类生存和发展的物质前提,指出:"没有自然界,没有感性的外部世界,工人什么也不能创造。"②

在《1844年经济学哲学手稿》中,马克思写道:"人直接地是自然存在物。人作为自然存在物,而且作为有生命的自然存在物,一方面具有自然力、生命力,是能动的自然存在物;另一方面,人作为自然的、肉体的、感性的、对象性的存在物,同动植物一样,是受动的、受制约的和受限制的存在物。"③恩格斯也指出:"我们连同我们的肉、血和头脑都是属于自然界和存在于自然界之中的。"④由此可见,马克思、恩格斯主张人就是能动的自然存在物,人是自然界中重要的一部分,在自然界中生存,从自然中索取资源以维持生存,同时人类也要受到自然的制约,不能仅仅由人类主宰自然,在强大的自然规律面前,人类必须遵守自然规则,发挥主观能动性以维持良好的生态机制。人与自然是现实生活中的两个基本要素,两者应处于和谐中。在马克思看来,只有在未来的共产主义社会中,才能真正实现人与自然的和谐统一,到那时,"联合起来的生产者,将合理地调节他们和自然之间的物质变换,把它置于他们的共同控制之下,而不让它作为盲目的力量来统治自己"⑤,这个时候,人与自然之间的交往处于双向互动中,没有一方受到压制。人成为自然的人,自然成为人的自然,两者在相互作用中实现了统一。因而,"这种共产主义,作为完成了的自然主义,等于人道主义,而作为完成了的人道主义,等于自然主义"⑥。由于时代的限制,尽管马克思、恩格斯没有专题论述如何推进生态文明建设,但是他们关于人与自然关系的深刻思想,依然是我们当下推进新时代中国特色社会主义生态文明建设的重要理论指南。

---

① 《马克思恩格斯文集(第一卷)》,北京人民出版社2009年版,第324页。
② 《马克思恩格斯文集(第一卷)》,北京人民出版社2009年版,第158页。
③ 《马克思恩格斯文集(第三卷)》,北京人民出版社2002年版,第324页。
④ 《马克思恩格斯文集(第九卷)》,北京人民出版社2009年版,第560页。
⑤ 《马克思恩格斯文集(第七卷)》,北京人民出版社2009年版,第928页。
⑥ 《马克思恩格斯文集(第九卷)》,北京人民出版社2009年版,第185页。

二、新时代中国特色社会主义生态文明建设理论的现实需求

改革开放特别是进入21世纪以来,生态环境的不断恶化使中国发展面临巨大挑战;工业化的紧迫任务要求我们必须找到一条既能够加快工业化进程又能改善生态环境的科学道路;由国内外生态环境、政治经济状况带来的生态安全问题也急需科学的路径来解决。在理论上找到解决当代中国社会发展和生态保护的科学指南,在实践中探索出一条生态文明建设的科学道路,成为当下我国面临的重要任务。这些都为新时代中国特色社会主义生态文明建设理论的形成和发展提供了现实需求。

(一)解决经济发展与生态文明建设之间的矛盾

改革开放以来,我国坚持以经济建设为中心,推动经济快速发展并成为全球第二大经济体。但是,生态环境恶化问题也随之越来越突出,我们既享受着现代化带来的成果,又经历着现代化产生的弊端。环境污染问题在我国四十多年的快速发展中集中显现,呈现出结构型、压缩型、复合型特点,老的环境问题尚未解决,新的环境问题接踵而至。耕地逼近18亿亩红线,水土流失、土地沙化、草原退化情况严重;一些地区和领域由于盲目开发、过度开发、无序开发,已经接近或超过资源环境承载能力的极限;大气污染、水污染、土壤污染等各种环境污染都呈现高发态势,这种情况若不改变,我国的生态环境将不堪重负。中国特色社会主义的理论和实践,迫切要求我们努力探索一条既有别于西方传统工业文明又超越中国传统增长模式的发展道路。为此,习近平总书记对生态问题进行了深邃的哲学思考,得出"生态兴则文明兴,生态衰则文明衰"的明智认识,尖锐指出"我们在生态环境方面欠账太多了,如果不从现在就把这项工作紧紧抓起来,将来会付出更大的代价"。"要像保护眼睛一样保护生态环境,像对待生命一样对待生态环境,把不损害生态环境作为发展的底线"①。

---

① 《习近平总书记系列重要讲话读本》,学习出版社、人民出版社2016年版,第233页。

(二)国际环境问题的警示

西方资本主义国家在追求现代化的过程中基本上走的是一条"先发展后治理"的道路,这一道路模式给整个西方世界的生态环境带来了灾难性后果。学者詹姆斯·奥康纳指出,在传统初起的现代化过程中,环境问题"在一些历史著作中曾经出现过",但是那时"更多的是作为背景或理论舞台的布景,而不是作为自主或半自主的历史过程和动力来发挥的"[①]。那时产生的环境问题,由于受到长期农业社会传统的"社会—自然"观的影响,习惯于简单地把自然界视作外在人类社会和不变的形而上学实体。斯大林哲学上就将自然环境看作社会发展的"外因",这具有极大的片面性。唯物史观从来就主张人类社会具有两维性:一是人与人的关系,一是人与自然的关系,两者之间相互联系、相互作用和相互影响。不能简单认为社会是变动的,自然界是不变化的。普列汉诺夫认识到:"社会人与地理环境之间的相互作用,是出乎寻常地变化多端的。人的生产力在它的发展中每进一步,这个关系就变化一次。"[②]可是,这长期被苏联哲学界斥责为"地理环境决定论"。

在资本主义现代化的初期,这种变化并没有引起人类的关注。那是因为很长时期里,经济增长模式是在资本和市场的原则支配下,无限制地追求最大利润,追求财富的增长,以为对自然资源进行无止境的掠夺,可以毫不顾及自然界的承受限度。结果导致的是人类面临的生态危机越演越烈。当下由于人类给地球带来的巨大影响,地球已经进入了一个被称为"人类世"的新时代,人类对环境造成的影响,已经成为地球系统变化的主要驱动因素之一,会直接危及人类的生存和文明。生态安全成为实实在在的危机。怎样才能使"人类世"时期的"属人世界",成为适合人类生存和发展的"宜人世界"呢?这就是生态文明所关心的旨意。

"人类命运共同体"的提出,表明我国与世界各国都是密切联系的,共

[①] 詹姆斯·奥康纳:《自然的理由——生态学马克思主义研究》,唐正东等译,南京大学出版社2003年版,第108—109页。

[②] 普列汉诺夫:《普列汉诺夫哲学著作选集(第三卷)》,生活·读书·新知三联书店1959年版,第170页。

同应对问题,谋求发展。目前全球环境问题严重,气候变暖、臭氧层破坏、大气污染、水污染等全球环境问题需要各个国家团结一致来应对,共同守护地球家园。"中国坚持正确义利观,积极参与气候变化国际合作。"①中国坚持与世界各国同舟共济,作为一个发展中国家积极承担应承担的责任,与世界各国在生态文明建设方面保持友好交流,进行友好合作,携手共建一个美好的地球家园。

三、新时代中国特色社会主义生态文明建设理论的基本内涵

中华人民共和国成立70年来,我国对环境保护与经济社会发展关系的认识不断深化,科学地扬弃了"先污染后治理、以牺牲环境换取经济增长、注重末端治理"的传统发展模式,积极推动生态文明建设,实现了从征服自然、改造自然向尊重自然、顺应自然、保护自然的历史性转变。进入新时代以来,以习近平同志为核心的党中央把生态文明建设纳入"五位一体"总体布局,坚持人与自然和谐共处的自然观,坚持绿水青山就是金山银山的发展观,以"生态文明体系"构筑集生态文化体系、生态经济体系、生态环境质量体系、生态文明制度体系和国家生态安全体系于一体的生态文明建设基本方略,形成了新时代中国特色社会主义生态文明建设理论。

(一)生态环境就是生产力的思想

习近平同志在任浙江省委书记时曾提出"绿水青山就是金山银山"的科学论断。2017年10月18日,习近平总书记在十九大报告中指出,坚持人与自然和谐共生,必须树立和践行绿水青山就是金山银山的理念,坚持节约资源和保护环境的基本国策。生态文明建设是"五位一体"总体布局和"四个全面"战略布局的重要内容。保护环境就是保护生产力,改善生态环境就是发展生产力。这一系列论断是将生产力和生态环境统一结合起来,既要保护生态环境,又要注重生产力发展的速度和水平,在保护环境的

---

① 习近平:《携手构建合作共赢、公平合理的气候变化治理机制——在气候变化巴黎大会开幕式上的讲话》,人民出版社2015年版,第7—8页。

前提下要谋取发展,在发展的基础上又要注意改善生态环境。我们既要保护生态环境,又要对生态环境进行合理的开发。只有最终实现人与自然的和谐统一,我们的国家才能实现最终的发展目标。

(二)生态环境就是民生福祉的论断

人民的生活和自然环境息息相关,人民生活的幸福程度和自然环境的优劣有着不可分割的联系。习近平总书记曾多次强调,生态环境是一种公共产品,是能够供大家享用的公共福利。这一思想揭示了生态文明建设的价值指向。现如今人民不断关注生态环境状况,这一论断将民生和生态环境相关联,将生态环境的重要性上升到一个新的层面,这是提高了人民的地位,是以人民为中心的具体体现,是对人民的负责。而要实现让人民共同享有绿色福祉这一目标,就要将改善生态环境作为根本要求,促进生态环境和人类社会协调、平衡发展。

其实不只是人民需要生态安全,生态文明建设也需要人民来支持,需要人民来维护,人民是社会的主体,更是生态文明建设的主体,发展依靠人民,发展成果由人民共享,而生态环境便是由人民享用的,只有将健康的生态环境交予人民,人民才愿意更加努力去建设生态文明。只有把生态文明建设好,人民的生活才能更加健康、更加幸福。

(三)生态文明建设是实现中华民族伟大复兴的重要内容

实现中华民族伟大复兴,是从古至今中国人一直追求的目标,现如今,我们正处在实现中华民族伟大复兴的关键节点上,但生态环境问题阻碍了我们前进的步伐,所以我们要解决生态环境问题,加强生态文明建设,实现中华民族伟大复兴离不开生态文明建设。

美丽中国、美丽城市、美丽乡村建设是我们现如今努力的方向,习近平总书记认为,生态文明建设是实现中华民族富强的一个重要部分。中国梦是我们不可缺少的信念,实现中国梦,实现中华民族伟大复兴是在人与自然和谐共处,人类、社会、自然相统一的基础上才能实现的。习近平总书记这一生态文明思想,丰富了中国梦的内涵。

我们的发展,不仅要着眼当下,更要为我们的未来、为我们的子孙后代留下良好的生产生活环境。要注重经济发展与生态保护的和谐共进,坚持在保护中发展、在发展中保护,更加自觉地推进绿色发展、循环发展、低碳发展。建设生态文明是中华民族永续发展的千年大计,关系人民福祉,关乎民族未来,功在当代,利在千秋。实现中华民族伟大复兴是一个长期的历史过程,要将现在和未来相统一,解决现在面临的生态环境问题,也就是为将来的发展作准备,这是实现中华民族伟大复兴的重要环节。唯有坚定不移地推进生态文明建设,实现中华民族伟大复兴的中国梦才能最终真正实现。

(四)生态兴则文明兴

"生态兴则文明兴,生态衰则文明衰",这是习近平总书记关于生态文明建设的重要论断,也是人类从生态灾难中总结出来的血的教训。习近平总书记从人民利益的立场来讨论生态问题,并提倡每个人都应树立生态文明理念。这一重要论断,既是对传统文明发展观的反思,也是对未来人类文明发展的思想指导。长期以来,人类在发展的过程中只重视经济发展,忽视对自然环境的保护,从而使自然生态系统遭受严重破坏,出现森林消失、土地沙化、湿地退化、水土流失、干旱缺水等严重生态问题和水、土、空气遭到污染等严重环境问题。伴随这些问题而来的是自然对人类一次次的报复和惩罚,自然灾害不断,人类日常的生活环境不再安宁。自然环境有能力将人类灭绝,若人类灭绝,那么人类创造的文明也将不复存在。

文明若没有保护,并不会永恒存在。忽视生态文明,便是忽视了人类文明。"人类命运共同体"更是对整个人类文明的守护和相望。生态环境的安全,关乎整个人类命运的安危,关乎人类文明是否能够延续下去。只有保护自然生态系统,维护人与自然之间形成的生命共同体,人类文明才能延续和发展。

(五)制度和法治是建设生态文明的保障

习近平总书记多次强调,要想对生态环境进行保护,就必须建立健全可行的法律以及公正有效的制度,只有这样才能更好地服务于生态文明建设。依法治国制度体系的建立要渗透到生态文明建设中去,对破坏生态环境的行为予以严厉的惩罚,建立严格的领导干部责任追究制度。对在生态文明建设方面出现乱决策、不决策的行为予以严格的制度约束,建立健全责任追究和保障机制,让生态文明建设从上到下,从领导干部到普通群众都能够深入人心。建设生态文明是一场涉及生产方式、生活方式、思维方式和价值观念的革命性变革。实现这样的根本性变革,必须深化生态文明体制改革,尽快把生态文明制度的"四梁八柱"建立起来,把生态文明建设纳入制度化、法治化轨道,用制度保障生态环境,从而推进生态文明建设顺利进行。

党的十八大提出"五位一体"战略布局,自此之后我国生态保护的法律体制机制不断完善健全,生态文明建设的步伐不断加快并稳步向前。要想生态文明建设能够稳步前进,必须有良好的健全的法律体制机制作为支撑和保护,只有这样,生态文明建设才能真正落到实处,生态文明制度化、法制化才能让新时代中国特色生态文明建设落到实处,并得到不断发展。

四、新时代中国特色社会主义生态文明建设理论的未来展望

人类文明的起落、文化的兴衰与生态环境的变迁是息息相关的。生态文明是人类遵循人与自然和谐发展规律,推进社会、经济和文化发展所取得的物质与精神成果的总和。它是对人类长期以来主导人类社会物质文明的反思,是对人与自然关系的总结和升华。只有积极倡导和践行新时代中国特色社会主义生态文明建设理论,走中国特色的生态文明道路,才是中国可持续发展的唯一选择。

(一)国内经济发展与生态环境矛盾逐步解决

贯彻落实新时代中国特色社会主义生态文明建设理论,坚持人与自然和谐共生,全社会对保护生态环境、建设美丽中国有了全新的深刻认识,使我国得以确立绿色发展,发展节约资源、保护环境的经济发展模式,从而解决经济发展与生态环境的矛盾问题。坚持尊重自然、顺应自然、保护自然的理念,把生态文明建设融入经济建设、政治建设、文化建设、社会建设当中,合理有效地缓解我国的环境问题。提升社会意识,让全体国民对生态

环境保护真正重视起来,深刻认识到人与自然不仅是共融共生的生命共同体,更是休戚与共的命运共同体,共同建设和维护美好家园。真正实现"既要金山银山又要绿水青山"的美好愿景,为后代留下更多宝贵的自然财富,努力开创社会主义生态文明新时代,建设美丽中国。

(二)全球生态环境问题有望趋于缓解

通过深入贯彻习近平倡导的"人类命运共同体"理念,中国生态文明建设理念在全球生态环境问题解决中可以起到积极的作用。坚持本国的生态环境保护举措,积极履行发展中国家的国际义务,中国的生态文明建设可以为全球生态环境问题的解决带来一定的效果。经济全球化,使世界各国之间的联系更加密切,这种密切的联系不仅在于经济之间的交流,各国之间的环境问题也会随之加剧。要坚持环境友好,合作应对气候变化,保护好人类赖以生存的地球家园。建设生态文明关乎人类未来。要解决好工业文明带来的矛盾,以人与自然和谐相处为目标,实现世界的可持续发展和人的全面发展。新时代中国特色社会主义生态文明建设理论不仅能缓解我国的生态环境问题,同时也能缓解全球共同的环境问题。

五、总结

党的十八大以来,以习近平同志为核心的党中央高度重视生态文明建设工作,并在此基础上发展了具有中国品质的生态理论,走出了具有中国风格的生态道路,完善了具有中国特色的生态制度,创建了具有中国气象的生态文化,并逐渐形成了新时代中国特色社会主义生态文明建设理论。新时代中国特色社会主义生态文明建设理论是习近平新时代中国特色社会主义思想的重要组成部分,在理论上继承并发展了21世纪科学社会主义生态文明理论,在内容上着重统筹人与自然共生生态系统,完善生态文明体系建设,不断践行绿色生产、绿色生活、绿色思维。

人与自然和谐相处是人类发展的基础,只有健康优美的环境才能为人类提供必要的生存条件。保护生态环境是人类共同的责任,只有团结协作、共同治理,才能凝聚力量,建设绿色家园。习近平总书记在十九大报告中指出:"建设生态文明是中华民族永续发展的千年大计。"要坚持人与自然和谐共生,才能建设持久和平、普遍安全、共同繁荣、开放包容、清洁美丽的世界。坚持和贯彻新时代中国特色社会主义生态文明建设理论,不仅是实现社会主义现代化的关键环节,而且是构建人类命运共同体和实现中华民族伟大复兴的中国梦的内在强大动力。

新时代消费文化与文化自信建设

方 妮

【摘要】 消费社会的到来,意味着以生产为主导的社会已经转变为以消费为主导的社会。西方社会集中批判了消费领域出现的异化现象,消费文化强调消费符号化,把人的需要变为盲目的欲望,从而解构了文化自信的培养。与此同时,消费社会的形成,消费文化的多元化和开放性,为文化自信开辟了广阔的道路。中国特色社会主义消费文化以中国优秀传统消费文化为根基和土壤,内容丰富厚实,特征独特鲜明。在新的历史时期,发展中国特色社会主义消费文化,对培养民族文化自信,推动人的自由而全面的发展,有重大的现实意义。

【关键词】 消费理论;文化自信;中国特色社会主义消费文化

【作者简介】 方妮(1996—),上海政法学院硕士研究生。主要研究方向:马克思主义基本原理。

一、消费理论

(一) 马克思的消费理论

马克思批判了资本主义制度下人的异化现象,在《1844 年经济学哲学手稿》里,马克思阐述了资本主义社会,人们忘却了劳动才是人的本质,生产是人类保证社会存在与发展的基础,劳动、产品、个人甚至人际交往都发生了异化,而消费也难逃异化的趋势①。随着私有制的不断发展,人们越来越不满足于基本的需要,欲望渐渐代替了需要。生产开始为了占有而生产,原本的手段变成了目的,人掉进了拜物教的陷阱中。在填补欲望这个无底洞的同时,人也逐渐迷失了自我,消费逐渐随着人的异化而异化。在《德意志意识形态》中,马克思提到不同于动物的低级需要,人有更高层次的需要。马克思认为人的需求是呈阶梯式上升的,更高级的消费需求是人的发展需要,新需要被满足后,人循着发展的本能又向往更高层次的需求,消费就是需求不断满足的过程。但是在资本主义制度下,人们的交换行为不再是各取所需,而是各自占有。人们所创造出来的商品反而成为拿着鞭子奴役人的东西,人被物欲驱使,成为物的工具。人不是为自身,不是出于本质而劳动,却是为谋夺他人的物品而辛劳。消费的异化现象根源于人的异化。在资本主义制度下,劳者不获,获者不劳,工人越劳动越是和自己相异化,资本家口袋里的钱却越来越多。久而久之,民众的利己心随之加深,最终导致人与人、人与物之间的关系都产生了异化现象。

(二)西方学者的消费理论

随着资本主义的发展,西方学者更多地关注消费对人类社会的影响。法兰克福学派对资本主义文化持否定态度,认为资本主义文化是消极的,认为当今的社会已经进入消费社会。阿多诺认为大众文化本身具有欺骗性和操控性,大众文化早已和本真的文化分裂,它丧失了本真文化所具有的"超越性和创造性"。因此,阿多诺认为大众文化并不是为大众服务的文化,相反大众文化垄断了人们的文化生活,让人们丧失了超越的维度,逃避自由和现实,缺少反抗的意识。他深刻指出大众文化在本质上是商品化后的一种消费形式,并且让主体的创造性消解,留下的都是机械复制下的虚假的个性。马尔库塞也认为资本主义出现了全面的异化,在物质资料极大丰富的前提下,工

---

① 马克思:《1844年经济学哲学手稿》,人民出版社2008年版,第51—85页。

人却成为消费品的奴隶①。资本主义社会的消费,不再是满足人类基本需要的消费,而成了一种奢侈性的消费需要,人们在其中失去了判断能力,也不再思考自身异化问题。此外,德波提出的景观社会,对资本主义消费领域的各种"景观"进行了批判,他认为资本主义社会是一个"少数人的表演和多数人观看"的社会②,在大众传媒铺天盖地的广告宣传下,人们看似被满足的欲望和需求都是虚假的,景观社会的实质就是让人们不断地消费,为了消费而消费。

对于消费文化的批判,不得不提到鲍德里亚,在《消费社会》一书中,鲍德里亚直接集中于消费异化的研究。他认为我们处于一个消费世纪的神话中。消费社会是一个符号化的社会,人们追求物品的符号意义,漠视物品的使用价值。在这种颠倒了的序列当中,消费者的主权和自由成了一个骗局,消费者以为是自己所做出的选择,其实都是被引导、被控制的、已定的决定,消费者失去了对商品的主动权和选择权。人在消费异化过程中渐渐丧失了自己的主体性,人们沉醉在符号建构的美好幻想中,人们听从于它的发号施令。离开了符号价值,人生似乎也就没有了什么价值追求。就如鲍德里亚所说"消费的主体,是符号的秩序"。同时,鲍德里亚认为在这个物质极大丰盛的社会里,一切都可以被异化而成为商品,暴力可以回收成为商品,自由时间也可以出售给消费者,我们的身体也成了最美的消费品。在这个消费社会中,人与人的关系变成了纯粹的物与物的关系,拜物教的信徒愈发壮大,符号拜物教成了人们信仰的新教。我们所消费的,是一个编码过后超越真伪的社会,这是一个彻彻底底异化的社会。

二、中国特色社会主义的消费文化

(一) 科学的消费文化对文化自信的现实意义

在西方学者对资本主义消费文化进行批判和反思的同时,我们也需要

---

① 马尔库塞:《单向度的人——发达工业社会意识形态研究》,刘继译,上海译文出版社2008年版,第56—67页。
② 李辉:《幻想的饕餮盛宴——西方马克思主义文化消费理论研究》,中国社会科学出版社2012年版,第17页。

深刻探讨我国的消费文化。在中国特色社会主义革命、建设以及改革当中,具有中国特色的消费文化的成长与发展,对当下以及未来中国社会的发展有着深刻的影响,对于我国文化自信的建设有重大的现实意义。

我国的文化自信建设的成果是可喜的,文化自信建设正在沿着中国特色社会主义发展道路蓬勃开展,但是不可否认存在着一些问题,其中最为突出的问题就是对我国传统文化的不自信和不了解。我国有着源远流长的文化,上下五千年的历史是中华民族用不尽的文化财富,我们有足够的骄傲和自信站在文化的高地上。但是由于复杂的历史演进和我国在文化领域长期话语权的缺失,导致我国对于传统文化的认知不足,同时带来的就是对于西方文化的盲目崇拜和推崇。这一点从我们平日过的节日就可以看出端倪,现在不少国人都十分热衷于过洋节日,圣诞节、情人节、感恩节等西方节日都过得很隆重,自然也都是花钱消费的好时机。然而到了我国真正的传统节日,重阳节、端午节、七夕节、腊八节等传统节日时,人们似乎都不太重视,大概也不太了解节日背后包含的人文情怀,缺失了对传统文化的自信和认知,社会责任、人文关怀等优秀价值观悄悄地在集体中失忆。对西方文化的盲目崇拜和认同,将直接影响到对中国特色社会主义文化的认同。面对这一文化自信建设上的大难题,消费文化的正向建设对文化自信的构建有十分直观和有效的现实意义,科学的消费文化对于文化自信有着强有力的引导效果。

消费文化可以拓宽文化消费的领域和受众群体,当消费文化将消费的重点转向传统文化时,势必会让更多人去了解和接触传统文化,从而潜移默化地增强人们的文化自信。例如,当越来越多的国产品牌注重将传统文化和自己的商品结合时,会不断激发人们对传统文化的好奇和喜爱;当商家陆续推出和传统节日相关的活动时,人们也会在不自觉中开始重视传统节日,就像近年来,越来越多的人开始过七夕节、中秋节等传统节日。可见,有时人们并不是不喜欢传统文化,而是缺少了解文化的机会和动机,而积极的消费手段是接触文化最直接的方式,当然消费时要保持尺度,以需要为导向。在新时代大背景下,我国的生产力水平得到了极大的发展,物质资料日益丰盛,人们对美好生活的需求抱有期待。人们在满足了基本的生存需要后,转向非生存需要,一个消费社会也在其中形成和发展。不过,我国仍处于社会主义初级阶段,文化消费是非生存需要。目前文化消费虽不是第一位的,但是它的重要性不能被忽视。消费社会的形成,已经为文化的发展和创新创造了良好的环境,激励文化的更新。

(二)中国特色社会主义消费文化的特点

消费文化是指人类在社会消费领域所创造的文化的总和,是对社会消费理念、消费方式、消费规范、消费道德等的总称。消费文化是一个国家在特定时期,在上层建筑层面的展现,因此消费文化具有鲜明的民族性、历史性、意识形态性。不同的民族因地理环境、传统观念等区别,拥有不同的消费文化,比如我国的消费文化提倡"量入为出",而很多西方国家则以超前消费为特点。同一民族,其消费文化也随着社会的发展、时代的变迁,表现出鲜明的特点。同时,任何消费文化都具有鲜明的意识形态性,中国社会主义在革命、建设和改革的伟大进程中形成了具有中国特色的消费文化。中国特色社会主义消费文化的特点可以概括为传承性、先进性和进步性。

首先,中国特色社会主义消费文化具有传承性。中国传统消费文化所包含的勤俭节约、天人合一、中庸之道、人伦主义等内容,构成中国特色社会主义消费文化产生、发展的深厚根基。尤其是中国传统文化中的勤俭节约的消费观念,深深影响了一代代中国人,对中国特色社会主义消费文化的形成和发展有十分重要的影响作用。在过去的几千年中,由于生产力的相对落后,社会处于物质资料匮乏的状态,人们自然就持有勤俭节约的习惯,消费习惯都是精打细算和量入为出的,人们并不认同甚至是反对奢侈浪费、及时行乐的生活态度。因此,崇俭抑奢消费价值观一直深深地影响着国人的消费行为和消费方式,节欲勤俭的消费观念深深印刻在中国特色社会主义消费文化中。

其次,中国特色社会主义消费文化具有先进性,因为它是中国特色社会主义理论的重要组成部分。马克思主义经典作家的消费文化理论,为其形成和发展提供了根本导向。在马克思主义发展史上,马克思主义经典作家虽然没有明确提出"消费文化"这一概念,但是马克思早在《1844年经济学哲学手稿》中就已经提到消费和生产的关系,马克思其他著作中所提出的消费的社会属性、消费方式等,也已经触及消费文化的内核和关键。对此,我们要把需要看作"人作为人"的需要,并追求美好生活的需要,追求美好文化的需要。后来,西方学者们不断丰富消费文化的内涵,并对消费文化作出了理论上的批判和剖析。德波的景观社会、鲍德里亚的消费社会、法兰克福学派对于文化的批判等,都以独特的视角,深刻地探讨和发展了消费文化的内涵,也正是在此基础上我们能够更加理性和深层次地看待消费文化。

最后,中国特色社会主义消费文化具有进步性。它是一个不断发展完善的、开放的体系,一代代领导人结合实际国情,不断为中国特色社会主义的消费文化注入活力。在毛泽东时期,我国的生产力总体较为落后,勤俭节约是核心理念。邓小平继承发展了毛泽东的消费文化思想,提出了"适度消费"的理论。同时,伴随改革开放后我国生产力的飞速发展,提出"贫穷不是社会主义","发挥社会主义的优越性,归根到底是要大幅度发展社会生产力"[①]。可以看出,这个阶段所倡导的消费思想,把重点聚焦在大力发展生产力,并不断满足人民的消费需求和消费层次上。随着社会主义建设事业的发展,以江泽民同志为核心的党中央提出了"三个代表"重要思想,并把人民生活水平和生活质量的提升作为经济发展的根本和目的。在推进生产力发展的基础上,不断拓宽人们的消费渠道,缩小城乡收入差距,并通过合理的消费引导,构建一个良性的消费环境,努力使全国人民过上小康生活。此后,以胡锦涛同志为核心的党中央提出了以人为本的科学发展观,强调"提高人民物质文化生活水平,是改革开放和社会主义现代化建设的根本目的"。以人为本的科学发展观给予消费文化更多的关注,并且将绿色消费、文化消费、可持续消费等思想纳入中国特色社会主义消费文化的框架体系,力图建构一个更高层次的消费环境。在新时代,习近平总书记从实现中华民族伟大复兴中国梦的战略高度,从提升中华民族综合实力、培育践行社会主义核心价值观等视角,向全党、全国人民发出了勤俭节

---

① 《邓小平文选(第2卷)》,人民出版社1994年版,第251页。

约的号召,丰富了新时代中国特色社会主义消费文化内容,提升了人们精神层面的追求①。随着社会主义现代化建设和全面深化改革伟大实践的发展,中国特色社会主义消费文化必定会与时俱进,获得新的更大的丰富和发展。

(三) 中国特色社会主义消费文化要扬弃西方消费文化

在新时代的大背景下,我国消费社会已经形成并在不断发展中,消费社会带来的消费文化也在生活的方方面面影响着我们。消费文化对文化自信的建设有着现实的积极意义和推动作用,消费文化拓宽了文化的市场和受众群体,客观上促进了文化创作的动力,推进文化生产力建设。这为中国特色社会主义文化强国建设提供了可能性,有助于提升我国在文化层面的话语权,建设富有中国特色的文化内容,讲好中国故事,实现中国特色社会主义文化自信,提升其文化影响力②。与此同时,消费文化和人们对于美好生活的需要紧密相连,在物质生产日益丰富的前提下,消费文化让人们更加注重文化层面的需求,增强对于美好文化需求的渴望。因此,精神文化需求将成为人民实现美好生活的关键,人们将会更加追求多元的精神文化生活,追求个体在精神文化需求上的满足。人们对于精神层面的美好文化需要,无疑会在更高层面上推动文化强国的建设,向着人们自由而全面的发展更进一步。可见,一个积极的消费文化有利于形成正确的需要观,能让人立足现实,以用理性和自我反思,自觉抵制低俗下流、唯利是图、金钱至上等不良文化的诱惑,关注内心的本质需求,弱化消费文化异化的影响,追求健康向上的社会文化风气。

但是,消费文化的异化也是我们不容忽视的,消费文化确确实实带来了负面的影响,消费文化在某些方面也确实在解构文化自信的建设。中西方文化的冲突碰撞中,对我国的消费文化带来不少的挑战,出现了一系列的消费危机。首先,物品的符号价值被无限歌颂,人们更加关注商品给自己带来的"尊贵"感受,如购买一件大书法家联名的衣服不是为了保暖,也

---

① 《习近平关于实现中华民族伟大复兴的中国梦论述摘编》,中央文献出版社 2013 年版,第 13 页。
② 《习近平谈治国理政(第二卷)》,外文出版社 2017 年版,第 349—352 页。

不是为了多了解书法背后的文化故事,仅仅是因为这件衣服是限量的,代表了购买者的社会地位和身份。社会陷入了符号消费的黑洞,人们沾沾自喜地从特定符号消费转向有限符号消费,却不知道已经越陷越深。其次,优秀的传统文化也受到了一定的挑战,消费在不断异化的过程中吞噬优秀的传统文化,消费文化以文化市场为导向,以资本为创作方向,以符号意义为追求对象。文化消费市场的内涵被一点点剥离,人们越来越爱买所谓的成功文学、鸡汤文学作品,消费文化导致文化的实质内容空泛。人们的消费越来越被异化,主体性也在不断丧失。人的精神世界和物质世界被符号意义压制,这严重影响着文化自信的建设,不利于中国特色社会主义道路建设。假如每个传统节日都变成购物狂欢节,人们购买艺术品仅仅是因为它是财富的身份象征,情人过着七夕节,却盘算着对方送的礼物的价格,那么这一切都乱套了。消费文化的重心本该是文化,而如今却将消费变成了目的,这一消费文化的异化可谓是完全颠倒了,人的主体性和创造性都被消解了。消费文化的异化,对于文化自信的解构是强烈的,异化带来的负面影响是我们重构消费文化的动力。总之,中国特色社会主义消费文化要扬弃西方消费文化,为建设中国特色社会主义文化强国打下坚实基础。

三、消费文化对文化自信的建构

自十八大以来,党中央就十分重视文化自信的培养与践行。十九大报告指出:"文化兴国运兴,文化强国运强。没有高度的文化自信,没有文化的繁荣兴盛,就没有中华民族的伟大复兴。"[①]文化作为生产力发展的产物,它的存在印证了生产力水平的发展。消费文化在给文化自信带来麻烦的同时,也在塑造和重建文化自信,带来了具有中国特色的消费文化。我们需要借助消费文化的积极力量以减弱消极力量的扩张和破坏,为培养和践行文化自信创造条件,让消费文化带来现实的促进作用。

---

① 习近平:《决胜全面建成小康社会 夺取新时代中国特色社会主义伟大胜利——在中国共产党第十九次全国代表大会上的报告》,人民出版社2017年版,第15页。

(一)消费文化带来新的文化创造环境

在人类摆脱生存问题,进而思考生活问题的过程中,社会也在生产越来越多的非物质资料,文化消费就是其中重要的部分。实现文化消费的前提是生存需要的满足,"人类所有的历史活动的第一个前提就是人类生存"[1]。从人们对美好生活的需求来看,生活必需品的范围将会不断扩大,伴随着生产力的高度发达,人们对文化产品的消费终将成为生活必需品。近些年我国电影产业不断刷新的高票房和衍生的周边产品就是证明,也潜在地提升了国人的民族自信和文化认同。消费社会的形成将人类的生活重心转移到消费领域,其中就包括对文化的消费,对文化的需求促进文化的生产与文化的发展,文化发展是文化自信的必要条件。在生产力高度发达前提下,消费社会对文化的热切需求,将为文化自信的建设提供巨大动力,人们对文化消费的自主性将会再次被唤醒。

(二)消费方式拓宽文化自信道路

消费社会随着生产力的发展而发展,消费社会自身的包容性,使其可以容纳各种商品、各种需求的消费者,同时也催生了各式各样的消费方式。在一个有各种消费行为和方式的社会中,人们的基本需要被满足的同时,还会催生欲望,当欲望可控并得到满足时,是有利于文化发展的。多元的消费行为,不仅让我们的消费选择多样化,而且它打破了时空的限制。我们以消费的媒介为例,过去人们是通过以物易物的方式来交换,这种方式局限性很大。后来以货币作为一般等价物的交换方式出现,在一定程度上打破了交换的壁垒,人们出现了购买非物质资料的消费行为,人们会去到书店买书,会跑到电影院看电影,货币的出现进一步激起了人类的消费欲望。放眼现在,虚拟货币的出现更是打破了时空的限制,人们的欲望更是被再次放大。在网络信息时代,人们的消费方式和消费平台越来越多,消费的产品也超出想象。我们可以通过多样的消费方式,在线上线下购买各种有形或者无形的商品,甚至可以通过贷款来超前消费。一个开放的消费社会,在催生各种消费方式的同时,也促进了对文化的消费,带动了文化产

---

[1] 龚嘉琪:《消费文化视域下文化自信的解构与重建》,《中共济南市委党校学报》2019年第2期。

业的发展。

（三）多元消费群体为文化创新提供契机

在一个开放的消费文化环境下，成长了包罗万象的消费社会，也产生了各种各样的消费者，这些消费者持有不同的消费观念，践行着不同的消费行为。有勤俭节约的消费群体，有大手大脚的消费群体；有钟爱网购的消费群体，也有守旧的消费群体。多元的消费群体是有助于文化发展的，多元的消费群体需要多样的文化来满足需求。文化产品想要抢占市场份额，就得不断进行创新，文化就面临创新性发展与创造性转化。文化本身需要经历创新与创造的过程，生产出不同类型、不同层次的文化是文化在消费社会中得以发展的重要途径。近年大热的故宫文创系列，就为文化的创新提供了一个思路，消费者的精神需要在被满足的同时，还增强了人们的文化自信和文化认同。促进文化消费与人的个性相统一，消费异化现象才会逐渐消失，才能真正促进人的自由全面发展。推动人的自由全面发展是社会主义消费文化的本质和最终目的，是人的本质不断升华、不断发展的重要条件。

新时代消费文化的重要性不断凸显，我国消费文化的发展也迎来了高峰期。我们要创造具有中国特色的消费文化，坚持中国特色社会主义的文化自信。让文化自信的培养乘上消费的顺风车，发扬优秀的传统文化，推动文化事业的创造与创新，实现文化事业的发展，进一步丰富和发展马克思主义消费文化理论，最终实现人的自由而全面的发展。

新时代中国共产党党内学习制度建设初探

陈婉莹

【摘要】 重视理论学习、注重学习制度建设是中国共产党的优良传统,是中国革命和建设取得成功的重要法宝。经过长期的实践探索,党的学习制度建设取得了巨大成就,特别是改革开放以后,逐步形成了以中共中央政治局集体学习,党委(党组)中心组学习,党员、干部学习培训为主干的基本架构。党的十九大以来,我国站在新的历史方位上,当今世界百年未有之大变局、当代中国"四个伟大"的壮阔实践客观上要求我党进一步加强学习制度建设。总体目标是大力推进学习型政党、学习大国建设;重中之重是全面开展习近平新时代中国特色社会主义思想的学习教育活动;基本形式是改进学习方法,推动学习教育活动常态化、制度化。

【关键词】 党内学习制度;基本架构;路径选择

【作者简介】 陈婉莹(1996—),上海政法学院硕士研究生。主要研究方向:思想政治教育。

重视学习、善于学习是中国共产党的优良传统和宝贵品质。中国共产党建党百年的历史和经验表明,没有全党大学习,没有干部大培训,就没有事业大发展①。延安时期党内大规模的学习运动,确立了毛泽东思想的指导地位,大幅度提高了军政干部的政治觉悟和理论水平,为民主革命的胜利和中华人民共和国的成立提供了思想基础和理论支撑。改革开放四十多年来,我国的社会主义现代化之所以能够以前所未有的"中国速度"创造了举世皆知的"中国奇迹",其中一个重要原因,就是全党上下持续不断地开展新的学习运动,不仅高度重视用党的创新理论武装全党,而且注重学习国外先进的管理经验和科学文化知识,大力推动学习型政党、学习型社会建设。当前,中国特色社会主义建设进入了新时代,摆在全党面前的新课题是,如何在新的历史起点上继续推进中国特色社会主义的伟大事业,在应对百年未遇之大变局的新挑战中实现民族复兴的伟大梦想。为此,习近平代表党中央对加强和完善党内学习制度作出了新的论述,提出了新要求。加强新时代党内学习制度建设任务艰巨、使命光荣、意义重大。

一、加强新时代党内学习制度建设的重大意义

党内学习制度是党内学习生活的基本制度,是领导干部和广大党员学习思想理论与专业知识,提高自身执政能力与水平的制度性规定。中国共产党自诞生之日起,就十分重视开展党内学习和制度建设。根据革命、建设、改革的客观需要,党内学习制度在不同历史时期形式不一、各有侧重,但是,都对提高干部党员的理论水平、思想认识,完成党的中心工作,巩固党的领导地位起到了积极有力的促进和保障作用。当前,我党面临的国内外环境更加复杂、各项任务更加艰巨。进一步完善和创新党内学习制度,不仅有利于提升各级领导干部的理论素养和执政能力,加强各级党组织的政治职能和组织能力,而且对于提高广大党员的学习本领、政治素质,推动学习型、创新型政党的建设具有重要的促进作用。

---

① 《习近平为第五批全国干部学习培训教材作序》,《人民日报》,2019年3月1日。

（一）注重党内学习制度建设是我党革命、建设和改革事业取得成功的重要法宝

"理论在一个国家实现的程度，总是决定于理论满足这个国家的需要的程度。"①回顾历史可以发现，我党在不同历史时期开展的党内学习活动和学习制度建设，总是与同一时期党的中心工作提出的对马克思主义理论、革命和建设专门知识的迫切需要紧密联系在一起的。民主革命时期，我党的马克思主义理论水平普遍不足，党内学习活动越来越受到重视。大革命时期，我党在北京、广州、武昌等地成立党校，成为组织化的学习形式；土地革命时期，我党在根据地创办了多所职能、学员不同的较为正规的教学培训机构，培养了一大批革命骨干力量②。

重视学习制度建设是保证我国革命取得成功的重要保障。作为制度性安排，党内学习制度初步形成于延安时期。在严峻的战时环境下，我党针对时局变化和党自身存在的问题，秉持"一切要有数目字"的原则，开创了独具特色的"两小时学习制度"。1939年，毛泽东在延安在职干部教育动员大会上讲到，"我们队伍里有一种恐慌，不是经济恐慌，也不是政治恐慌，而是本领恐慌……学习本领，这就是我们许多干部所迫切需要的"③。针对这种"恐慌"，毛泽东提出"改造我们的学习"，开创"挤"的学习方法，并对建立健全全党的学习制度和学习方法提出了具体要求，对推进党内学习的制度化作出了初步探索。中华人民共和国成立之后，国外群狼环伺，国内百废待兴，中国共产党处在从革命党到执政党转变的关键时期，现实需要推动党内学习制度继续发展。面临国内外的严峻挑战，1950年，邓小平指出："要把学习搞好，必须认真建立学习制度……过去所以发生许多毛病，就是因为有些同志不重视学习，陷于事务主义的泥坑，不能经常吸收新的营养。学习可以使我们向前看，可以澄清各种混乱的思想。"④

重视学习制度建设是推动我党改革开放稳定发展的成功经验。十一

---

① 《马克思恩格斯选集（第1卷）》，人民出版社1995年版，第11页。
② 王炳林：《学习是前进的基础——中国共产党开展学习的历程和经验》，《当代中国史研究》2016年第4期。
③ 《毛泽东文集（第2卷）》，人民出版社1993年版，第178—180页。
④ 《邓小平文选（第1卷）》，人民出版社1993年版，第160页。

届三中全会以后,在改革开放的时代背景下,我党更加重视学习制度建设。在曲折的探索时期,中国发展长期停滞不前,曲折过后,干部思想一定程度上僵化过时,现代化建设人才紧缺,为了克服危机,解决问题,党中央高度重视全党大学习和干部大培训。1977年,各地逐渐恢复各级党校建设。1978年,邓小平在中央工作会议闭幕会上发表题为《解放思想,实事求是,团结一致向前看》的重要讲话,他指出:"全国胜利前夕,毛泽东同志号召全党重新学习……现在要搞现代化建设……所以全党必须再重新进行一次学习"①,号召全党同志一定要重视学习,善于学习。1980年,党中央发布《关于加强干部教育工作的意见》,对新时期的干部教育作出了明确规定。在我国建立社会主义市场经济体制时期,对于工作实践中存在很多不懂、不熟的问题,江泽民同志强调要学习学习再学习,指出学习的重要性和紧迫性。他重视党校的建设,重视干部学习培训问题。1989年,中央发布《关于建立健全省部级在职领导干部学习制度的通知》,决定进一步建立健全省部级在职领导干部的学习制度。1990年,党中央建立省部级在职干部学习培训制度。1991年,《1991—1995年全国干部培训规划要点》印发,进一步深化在职领导干部学习培训制度。1996年,《1996—2000年全国干部教育培训规划》印发,要求坚持党委(党组)中心组学习制度,抓好领导干部在职学习。2002年,《2001—2005年全国干部教育培训规划》印发,要求建立领导干部理论学习考核制度,举办专题研究班。党的领导人延续这一惯例,《2006—2010年全国干部教育培训规划》《2018—2022年全国干部教育培训规划》先后印发,以制度化的形式对党员干部的学习培训作出了详细的规划,在一系列的方针政策下,省部级在职领导干部学习制度得到了很好的贯彻和坚持。十六大以来,加快建设社会主义现代化和全面建设小康社会成为新的任务,以胡锦涛同志为代表的新一届领导集体提出建设"学习型政党"和"学习型社会"的要求,坚持开展中央政治局集体学习,逐步实现集体学习制度化。他还重视全国组织部门干部轮训,多次举办轮训班,逐步实现组织部门领导干部的轮训工作制度化。上述建设成就,有力

---

① 《邓小平文选(第2卷)》,人民出版社1993年版,第152—153页。

促进了我国的改革开放和现代化建设,为新时代进一步加强党内学习制度建设奠定了坚实基础。

(二)党内学习制度建设是我党加强自身建设、提升执政能力的基础工程

当今世界正面临着百年未遇之大变局。国际局势错综复杂,矛盾重重,冲突不断。经济上,逆全球化浪潮兴起,贸易摩擦与保护主义加剧,国际经济形势萎靡。政治上,美国推行"美国优先"战略,鼓吹"中国威胁论",威胁亚太安全,企图重塑世界秩序。英国脱欧,欧盟一体化遇到危机,单边主义盛行。除此之外,粮食危机、恐怖主义、全球变暖等非传统安全挑战叠加。这表明,世界格局正在发生深刻调整,世界将要面临较长的动荡变革期。党的十八大以来,我国改革开放和各项建设取得了很多历史性的重大变革,中国特色社会主义进入了新时代。新时代要求我党在实现中国梦的伟大征程中必须有新举措、新作为。当前,我国社会的主要矛盾发生了重大变化,集中表现为人民对美好生活的需要同不平衡、不充分的发展之间的矛盾。应当看到,解决好这一矛盾,既有许多有利因素,也面临着不少制约:经济上,关键核心技术匮乏、发展不平衡、不充分问题日益凸显,成为制约经济发展、影响人民幸福的主要因素;政治上,"四大危险"和"四大考验"威胁着党的执政地位,党的先进性、纯洁性建设必须常抓不懈。此外,城乡、区域发展差距还比较大,民生保障问题尚待完善,环保问题任重道远,社会治理问题仍须改进,国内格局也在经历着深刻调整[1]。

对于我国发展而言,严峻复杂、深刻变化的国内外形势既带来了新的机遇,同时也构成巨大挑战,可谓危机并存,危中有机。毋庸置疑,若要化危为机、在风险中赢得主动,不仅需要全国上下的团结一致、共同努力,提高科技自主创新能力,同时,更需要我党开展自我革命,切实有效地提升执政能力和执政水平。要做好上述两个方面,一个根本的途径就是加强学习,尤其是党内的学习教育,推进学习常态化、制度化。习近平总书记重视学习,他强调:"好学才能上进。中国共产党人依靠学习走到今天,也必然

---

[1] 习近平:《在经济社会领域专家座谈会上的讲话》,《人民日报》,2020年8月25日。

要依靠学习走向未来。我们的干部要上进,我们的党要上进,我们的国家要上进,我们的民族要上进,就必须大兴学习之风,坚持学习、学习、再学习,坚持实践、实践、再实践。"①党的十八以来,学习型政党建设、学习大国建设积极推进,特别引人注目的是在党员干部中开展了多次大规模的主题教育活动,包括2013年的群众路线教育实践活动、2014年的"三严三实"专题教育、2016年的"两学一做"学习教育、2019年的"不忘初心、牢记使命"主题教育活动。与此同时,党内学习活动的制度化建设也得到强化。以上举措对于统一全党思想和行动、营造风清气正的政治生态、提升各级党组织的战斗力都发挥了重要作用。

因此可以认为,党内学习制度建设是我党全面加强自身建设、提升执政能力的基础工程。首先,党内学习制度建设有利于引导领导干部增强学习本领,增强党的政治领导力。中国共产党是中国特色社会主义事业的领导核心,我国革命、建设、改革所取得的一切历史性成就,都离不开党的领导。坚持党内学习制度建设,理论武装全党,推动全党不断增强"四个意识"、坚持"四个自信"、做到"两个维护",在思想上、政治上、行动上始终维护党的权威,有利于巩固新时代党的领导地位、提高其政治领导能力②。其次,有利于提升党的思想引领力。通过对新时代学习目标、重点与基本形式的把握,有助于保持党的先进性,彰显党的旗帜引领作用。再次,有利于夯实党的群众组织力。面对激烈的国际竞争,需要社会全体成员的共同努力。中国共产党的性质决定了党必须深入基层,向人民群众学习,有助于提升党的群众性,把群众紧紧团结在党的身边。最后,有利于发挥党的社会号召力。在长期的社会主义实践过程中,党形成了具有中国特色的学习制度,一系列学习制度的提出及应用,加快了治国理政民主化的进程,在全党、全社会形成了良好的示范和引领作用,强化了党的社会号召力。总而言之,坚持和完善新时代党内学习制度是建设马克思主义学习型政党、提高党的执政能力和执政水平的基础工程,是提升治理能力和治理水平、

---

① 《习近平在中央党校发表重要讲话强调 在全党大兴学习之风 依靠学习和实践走向未来》,《党建》2013年第3期。
② 《习近平为第五批全国干部学习培训教材作序》,《人民日报》,2019年3月1日。

实现治理现代化的有力支撑,是使我党能够在时代浪潮中永葆生机与活力的重要保障。

二、改革开放以来中国共产党党内学习制度的基本架构

注重党员干部的学习教育、用科学的理论武装全党,是马克思主义政党区别于其他党派的鲜明标志。我党在领导中国革命、建设和改革的百年历程中,积极开展各种形式的学习活动和主题教育,使学习成为党内生活和制度建设的有机组成部分。改革开放以来,我党以更加自觉、主动的姿态推进党内学习的常态化、制度化,形成了以中共中央政治局集体学习,党委(党组)中心组学习,党员、干部学习培训为主干的"三位一体"的基本架构,构成新时期党的建设的一道亮丽的风景线。

(一)中共中央政治局集体学习制度

中共中央政治局集体学习制度萌芽于1986年——"一五"普法的第一年,这一年,党组织了四次普法课,这是最早的中共中央政治局集体学习记录,后来因故未能持续进行。1994年是"二五"普法的第四年,中央重新启动领导干部集体学习活动,举办各种法治讲座集体学习。自此,领导干部集体学习法律知识成为一项制度在中央保持了下来。最初,领导干部集体学习主要是通过开展法律讲座、学习法律知识的形式进行的。从1994年到2002年,中央类似的集体学法活动共举行了12次。2002年中国共产党第十六次全国代表大会召开,形成了新的中央领导集体,领导干部集体学习也不再局限于法律学习,而是扩大到影响社会发展的重要方面,领导干部集体学习制度也进一步建立起来。自2002年中共中央集体学习制度正式形成到目前为止,中共中央政治局共举办了142次集体学习,学习的内容涉及经济、政治、文化、社会、生态等影响国计民生的多个领域,并针对这些领域的重大问题进行集中学习和探讨。

中共中央政治局集体学习制度发展至今,形成了一系列特点:第一,随着时间的发展,逐渐制度化和常态化。一方面,从最初的法律讲座到现在的中央政治局集体学习制度,集体学习制度从普及法律知识、增强法律

素养的一般事务性活动发展成为今天通过制度确定下来的、被全党认可并实施的制度体系,党内学习不断制度化;另一方面,从1986年到2002年,普法课在16年间共开展了13次,平均一年一次到两次,具有不稳定性。自十六大以后,中共中央政治局集体学习共举行了142次,平均每46天开展一次,中共中央政治局集体学习趋于固定化和常态化。第二,围绕中心、服务大局,具有目标性和针对性。中共中央政治局集体学习并不是为学习而学习的形式主义学习,而是有着明确的现实目标和具体指向的学习。以第十九届中共中央政治局集体学习为例,十九大以来,中共中央政治局共开展了22次集体学习,并就全面推进依法治国、加快建设数字中国、牢记初心使命等多个方面的内容进行学习,这些学习活动服务于建设中国特色社会主义事业,目的是为了逐渐实现中华民族伟大复兴中国梦的宏伟目标。第三,密切联系实际,解决社会现实问题,具有实践性和现实性。中共中央政治局集体学习并不是纸上谈兵,口头上的学习,而是最终要落实到实践上的学习,中共中央政治局集体学习的各项内容都成功落到了实处,如:"坚定不移推进改革开放""牢记初心使命,推进自我革命""推进我国应急管理体系和能力现代化"等,在学习过后,党中央都对这些内容实施了具体的工作部署。第四,专家讲授、共同讨论,具有科学性和民主性。中共中央政治局集体学习的主要程序:确定议题——选定课题组——进行试讲——正式讲课。由于集体学习的议题都是关系国计民生、治国理政的重要问题,课题组即主讲人都是国内知名的专家学者,讲课也是采取学习和讨论并重的方式,因此可以在保证科学民主的同时,提高党内决策能力和水平。

(二)党委(党组)中心组学习制度

党委(党组)中心组是党的组织机构,是党内进行理论学习和开展政治生活的重要形式,是领导干部起带头示范作用、引领全党进行理论学习的组织保障。党委中心组学习制度,是各层级在职领导干部进行学习的制度规范,是提升领导干部综合素质、促进马克思主义学习型政党建设的重要制度保障,在党的十六大召开以后趋于制度化。2017年1月30日,中共中央制定《中国共产党党委(党组)理论学习中心组学习规则》,旨在促进党委(党组)理论学习中心组学习制度化、规范化,提高领导干部的理论能力和水平,增强领导干部的思想政治建设。此外,党的十九届四中全会对完善各层级学习制度、建设开发新的网络学习平台等内容提出了要求。规则的制定和要求的提出体现了党委中心组学习制度对于推动理论学习、加强思想政治建设方面的重要性。因此,党委(党组)中心组要与时俱进,通过开展计划性、针对性的学习活动,学习以马克思主义理论为核心的各方面的知识;理论学习中心组成员应当积极充分利用各种学习载体,拓宽学习渠道;党委领导干部应发挥表率作用,上下一致,更加自觉、活跃地开展学习。

(三)党员、干部学习培训制度

党员、干部的学习培训是党的建设的一项基础性工作,中国共产党自诞生之日起,就十分注重对党员、领导干部的学习教育培训。建党初期,《中国共产党的第一个决议》中就提议建立工人学校,通过学校教育培训来提高工人群体的综合素质和思想觉悟。1925年,中国共产党历史上第一所党校——中共安原地委党校建立并开学。此后,多所党校开班,成为党员、领导干部学习培训的主阵地,除了创办党校之外,中国共产党在长期的革命斗争中还采用了训练班讨论会、轮换教育、干部训练班等党员、干部学习培训制度,为我国革命的胜利输送了优秀的人才资源,为取得新民主主义的胜利起到了重要的支撑作用。中华人民共和国成立以后,党延续优良传统,更加注重党员、干部的学习培训。1954年,中央颁布《关于轮训全党高级、中级干部和调整党校的计划》,对党的干部轮训作出明确的规划,此后干部轮训制度正式形成。改革开放以后,中央继续发挥党校在干部教育中的作用并颁布关于干部教育培训的政策性文件,继续开展党员、干部的学习教育培训工作。党的十八大以来,以习近平同志为核心的新一届党中央领导集体继续改进干部教育培训方式,不断完善干部学习、培训制度。2019年5月21日,中共中央办公厅印发《中国共产党党员教育管理工作条例》,并于11月11日印发《2019—2023年全国党员教育培训工作规划》,对于党员的教育培训作出制度化的规划,党员、干部学习培训工作逐渐走向制度化和规范化。中国共产党具有与时俱进、求真务实的党性特征。党员、干部的学习培训工作伴随着中国共产党的成立,至今已有近百年的历史。在百年中,中国共产党始终坚持实事求是的思想路线,密切联系实际,根据世情、国情,不断对党员、干部的学习培训工作进行探索,不断完善党员、干部学习培训工作。当前,我们面临着建党百年这一关键节点,党员、干部肩负着时代重任,必须以高标准、高要求严格对待自己,努力提升自己的个人素质与学习本领,承担起时代发展、社会进步的重担,不负党和人民的期望。

三、新时代中国共产党党内学习制度建设的路径选择

古人言:"凡将立国,制度不可不察也。"习近平总书记说:"制度优势是一个国家的最大优势,制度竞争是国家间最根本的竞争。制度稳则国家稳。"①党内"三位一体"学习制度的确立为提高全党理论与实践水平、增强党的执政能力提供了重要保障。面对中国特色社会主义新时代世情、国情、党情的新变化,党内学习制度建设理应与时俱进,在保持其中国特色、民族特色的同时,不断完善创新,彰显时代特质。为此,习近平代表党中央提出了一系列新理念、新举措,为新时代党内学习制度的建设指明方向。

(一)总体目标是推进学习型政党、学习大国建设

学习可以强党,学习能够强国,习近平总书记多次强调,面对严峻的国内外形势,若想在风起云涌的世界市场中赢得主动,必须要完善学习制度,推进学习型政党、学习大国建设,号召以学强党,以学强国。当前,我国正处在第一个一百年的收官之年,中华民族伟大复兴中国梦的实现近在眼前,在这个紧要关头,必须对学习制度进行完善创新,加快推进学习型政党、学习大国建设。

一是要回首历史,建立不忘初心、牢记使命的学习制度。近代中国惨遭列强的侵略与压迫,无数仁人志士试图通过多种方式救国救民,农民阶级的义和团运动、地主阶级的洋务运动、资产阶级改良派的维新变法、资产阶级革命派的辛亥革命,多次救国探索最终都失败了。无产阶级的登场给受压迫、受侵略的中国带来了光明与希望,他们在吸收前人失败经验的同

---

① 习近平:《坚持和完善中国特色社会主义制度 推进国家治理体系和治理能力现代化》,《求是》2020年第2期。

时,不断学习新的革命理念,组建新的革命组织——中国共产党,选择并成功践行了以马克思主义为指导思想的社会主义道路。今天,面对着党内党外、国内国外的危机和考验,必须要回首共产党人的初心与使命,建立不忘初心、牢记使命的学习制度,开展相关主题学习教育活动,在意识形态领域维护加强马克思主义的领导地位,不断锤炼共产党人忠诚、纯洁、担当的政治品格,增强忧患意识,增强学习本领,保持先进性。

二是要抓住"关键少数",建立领导责任制度,发挥领导干部的表率作用。从毛泽东开始,党内就十分重视领导干部在学习运动中的带头作用,建立学习组,自上而下带动全党学习。江泽民开展"三讲教育",对党的领导干部进行了一次思想锻造,要求领导干部身体力行成为学习模范。胡锦涛以身作则,在任期间始终带头进行集体学习,使得中央政治局集体学习成为制度并持续发挥作用。习近平从在地方任职开始就重视学习并率先垂范地带动地方努力学习,他还多次强调领导干部的责任担当。纵观党的学习历史,不难发现,党内学习形式总是自上而下开展的,共产党人始终发挥着自己的先锋模范作用。建设学习型政党、学习大国目标的实现,同样离不开党的领导,离不开领导干部的责任担当,党员、干部必须以坚定的信念和行动不断增强学习本领,提升学习质量,充分发挥其榜样作用,妥善处理好各种危机和挑战,在克服各种困难的过程中提升自身的素质和能力,提升执政能力和水平。

三是要完善基础保障制度,落实监督与考核评价制度。首先,基本保障的不平衡和不充足是制约党员教育培训发展的关键因素,高效完成党员、干部教学培训规划,离不开师资、阵地、教材、资金等必要的基础保障。因而必须要加强师资队伍建设,提高教师的综合素质;发挥学习阵地功效,加强各级党校(行政学院)建设;与时俱进更新教材内容、提升教材质量;加大资金保障力度,加大经费投入,保证学习培训工作的有效进行。其次,党内学习存在弄虚作假、欺上瞒下、说多做少、走马观花等作风问题,要保证党内学习制度的有效落实,必须要加强对党内学习的监督与考核评估,采取有效措施激发党员学习热情,推动学习教育往深里走、往心里走、往实里走,而不是仅仅停留在表面,做表面功夫。因此,必须对党员、干部的学习情况进行监督和管理,开展思想与制度、党内与党外、自身与他人等多方面的监督;必须对党员、干部的学习情况进行系统考核与评价,全面考核党员、干部的学习态度和表现、对理论知识的掌握程度,以及应用理论知识解决实际问题的能力。

(二)重中之重是要坚持学习贯彻习近平新时代中国特色社会主义思想

任何思想的学习都应把握正确的方向与重点,这直接关系学习成效。十八大以来,以习近平为核心的新一代领导集体根据时代的变化与世界格局的调整,对中国化的马克思主义再一次进行了升华,产生了马克思主义中国化的最新理论成果——习近平新时代中国特色社会主义思想。这一思想立足于新时代、新问题,并对之作出系统的新回答,成为指导中华民族实现伟大复兴的行动指南。新时代建设学习型政党、学习大国,必须要高度重视对习近平新时代中国特色社会主义思想的学习,将其作为学习的重点。

一是要正确认识新时代中国特色社会主义思想重中之重的地位,并着重对其开展学习。新时代中国特色社会主义思想是新时代马克思主义的创新发展,它以新的角度深化了共产党人对三大规律的认识与理解,提出了解决针对社会主义主要矛盾发生变化而产生的新问题的具体途径,是指导中华民族实现"新三步走"战略的理论武器。建设学习型政党、学习大国,必须要准确认识这一思想的地位,将之视为重点学习内容,从中共中央政治局到党委(党组)中心组,再到各级党校(行政学院),分级分类完成学习培训,准确理解把握其理论内核。

二是要建立学习习近平新时代中国特色社会主义思想的体制机制,提高学习效果。对这一思想的学习要辅以制度的保障,结合党已实施的优秀学习制度,通过制定制度激发学习的动力。结合"两小时学习制度",对新时代中国特色社会主义思想的学习时间作出具体规定,每周或每月安排一定的学习时间;结合"高级领导干部理论研讨班",在省部级高级领导干部中间定期开展新时代中国特色社会主义理论研讨班,以上带下引导学习;结合"中央领导集体学习制度",将集体学习与个人自学结合起来,通过交流和讨论提高学习效率;结合"在职领导干部学习培训制度",举办轮训班,制定新的脱产进修计划等,通过一系列制度的约束,推动习近平新时代中国特色社会主义思想学习长效化、制度化。

三是要在学习习近平新时代中国特色社会主义思想的同时,加强对经典著作、文化知识的学习。学习马克思主义经典著作,马克思主义是我党的指导思想,在意识形态领域占指导地位,我们必须要学好用好马克思主义经典著作,掌握马克思主义的立场、观点和方法,解决社会各方面的问题;学习党章和宪法,广大党员、干部,特别是领导干部要自觉学习、遵守、贯彻、维护党章,自觉学习宪法,成为宪法的遵守者和捍卫者;学习历史,历史是现实的镜像,通过对历史的借鉴有助于解决当下的难题,有助于汲取历史中囊括着的人类社会发展各方面的经验规律[①];学习其他各方面知识,新时代面临经济、政治、科技、军事、外交等领域出现的新问题,要结合工作需要不断学习,不断提高知识化、专业化水平。

(三) 基本形式是改进学习方法,推动学习活动常态化

学习先进的知识,完善旧的学习制度,完成既定的学习目标,都离不开正确的学习方法。掌握正确的学习方法可以提高学习的效率,使学习事半功倍。党的历史上,每当遇到棘手问题亟待解决时,就会召开大规模学习教育活动,这些学习教育活动的成功进行,对于革命、建设、改革的稳定发展产生了深远的影响,具有一定的历史价值。新时代要继承学习教育活动的成功经验,改进创新学习方法,推动学习活动常态化、制度化发展。

一是开展主题教育活动,推进"两学一做"学习教育、"不忘初心、牢记使命"主题教育等学习教育活动常态化、制度化。纵观党历史上的学习教育活动,如延安时期的整风运动、土地革命时期的整党运动、十二大时期的全面整党、十五大后的"三讲教育"、十六大后的保持共产党员先进性教育、世纪之交的学习"三个代表"思想、十七大后的学习科学发展观活动及创先争优活动等,可以发现,学习教育活动开展得越来越频繁、越来越经常化,学习取得的效果越来越显著、越来越实质化,频繁有序的学习教育活动推

---

① 《习近平致中国社会科学院中国历史研究院成立的贺信》,《历史研究》2019年第1期。

动全党完成思想改造,不断锤炼品格,提升执政能力与水平。当前,学习教育活动正不断地由偶尔性向长效性转化,由集中性向经常性转化,由无序性向制度化转化,必须努力推进学习教育活动长效发展,保证学习的持续进行,促进学习成果惠及全党、全社会。

二是要自觉主动地、及时跟进地、联系实际地充分利用新媒体等技术向书本、实践、内行专家、老同志、老干部学习。首先,要改进学习方法就要树立正确的学习态度,强化活到老、学到老的思想,发扬"钉子"精神,挤时间读书,有计划地进行系统学习、自觉学习;针对国情、世情的变化,注重学习的时效性,及时跟上时代进步的潮流,担当起时代重任;密切联系实际生活,注重学习的针对性,认真分析新问题,实事求是寻求新对策,努力做到知行合一。其次,要改进学习方法就要找寻正确的学习对象,书本是我们获取知识的最有效途径,通过读书,我们可以积累各种各样的知识,充实自己的知识储备,提高自己能力素养;除了要自觉向书本学习,还要向实践学习,实践可以为我们的学习提供案例,从中获得书本上不能学得到的知识;向内行、专家学习,知识经济时代,行业的职业化程度提升,对于某一知识的学习,应向这一领域的专家学习;革命的胜利离不开无数仁人志士的贡献与牺牲,我们要学习革命先辈的精神,向老同志、老干部学习。最后,要改进学习方法就要充分利用科学技术,充分发挥大数据、互联网+、5G通信等新媒体技术手段,有效借助学习强国、慕课等平台,拓宽学习渠道,开创学习新形式。

马克思主义哲学视域下人类命运共同体思想解析

李望根

【摘要】 随着全球化和信息化不断加深,世界各国的联系愈发紧密,与此同时,全球化问题开始显露。在这种背景下,没有任何国家能够独立于其他国家之外,做到独善其身。自改革开放以来,我国经济飞速发展,取得了喜人的成果,在政治和文化上也得到了发展,在国际社会中的影响力逐渐增加。人类命运共同体思想是中国进入21世纪以来发出的最强音。人类命运共同体思想提出以来,其内涵不断丰富,也得到了世界各国人民的广泛认可,从我国处理国际事务的原则变为国际社会上通用的原则,获得了众多的赞誉。本文从马克思主义哲学视域出发,对人类命运共同体思想进行解析,简要叙述人类命运共同体思想的理论基础和基本特征,详细说明人类命运共同体构建的理论和方法。

【关键词】 马克思主义;哲学;人类命运共同体思想

【作者简介】 李望根(1986—),法学博士,上海政法学院讲师。主要研究方向:西方政治哲学、当代中国政治与马克思主义中国化。

自党的十八大以来,人类命运共同体思想得到长足的发展,党的十九大更是直接将"坚持推动构建人类命运共同体"确立为新时代发展中国特色社会主义的基本方略之一。虽然当前对其研究已经逐渐成熟,但从现有的理论成果来看,依旧存在一定的不足。人类命运共同体思想包含范围相对广泛,但是目前的研究在深度上有一定的欠缺,研究的内容较为分散,有些地方还不够深入,尤其是在人类命运共同体思想与马克思主义哲学的关系上,缺乏相应的理论对其进行全面、系统的阐述。梳理人类命运共同体思想与马克思主义哲学之间的关系,对人们进一步认识人类命运共同体思想有着至关重要的作用和意义。

一、人类命运共同体思想概述

(一) 人类命运共同体思想的理论基础

作为一种新兴的国际秩序观,人类命运共同体思想在诞生之前就有一定的基础,并不是凭空出现的。马克思在19世纪提出的世界历史思想揭示了资本主义的国际矛盾,这一不可调和的矛盾最终导致了从资本主义向社会主义过渡的世界历史进程。习近平将马克思的世界历史思想与当代中国实践相结合,提出了"人类命运共同体"思想,它是马克思的世界历史思想在新时代的重大发展。人类命运共同体思想也深化和发展了马克思的共同体思想,对我国传统文化中的优秀品质有了进一步的发扬,并对我国的外交思想进行了创新①。

1. 马克思共同体思想

在马克思思想中,共同体是指通过一定纽带建立起联系的人群集合体,是不同人在社会中生存的组织形式和存在方式。通过对历史学和人类学的研究,马克思将人类社会中存在的所有共同体分为自然形成的原始部落共同体、古代公社所有制下的奴隶制共同体、封建的或者等级的所有制共同体、资本主义社会的"虚幻的共同体"以及自由人的联合体。马克思认为,最先出现的共同体形式是因为家庭之间的通婚或部落的联合而诞生的自然共同体。在这种共同体中,人们需要通过自己的劳动成为土地的拥有

---

① 岳喆喆:《马克思主义哲学视域下人类命运共同体思想研究》,新疆大学硕士学位论文,2019年。

者,因此人们的关系是相互平等的。随着人类生产力的不断提高,商品的生产和交换逐渐普及,改变了人类的社会形态①。这种社会形态下的人对商品有着较高的依赖性,人与人之间的关系也变为了商品与货币的关系。当商品经济发展到极限之后,人的发展将进一步趋向于自由的、全面的发展,从而达到"自由人的联合体"形态。其最终的目标是使每个人都能够在自由的环境下获得全面的发展,并将个人利益与共同利益融合在一起,到达和谐统一的境界。

2. 中华民族的传统文化

(1) 协和万邦的国际观

从古至今,中华民族都坚持着"天下一家"的理念,主张协和万邦、天下大同,希望能够建立一个和谐美好的世界。荀子说过:"四海之内若一家……莫不趋使而安乐之。夫是之谓人师,是王者之法也。"这句话的意思是:因为四海之内都是一家,所以无论一个人身在何处,都能够使其过上安宁快乐的生活,这就是王道之治。协和万邦思想主要是将"和谐"作为引导,推崇王道思想,反对霸道治国。虽然传统中国的天下主义是以夷夏之辨作为前提,具有华夏中心主义的心态,然而它还具有包容四方的面向,是对整个世界空间的想象。人类命运共同体思想在国际交往中的观念与此相符,认为各国应该建立起和谐的伙伴关系,共同处理国际事务。

(2) 和而不同的社会观

"和而不同"一词出自《论语》,在孔子的观点中,君子应该讲究"以和为贵",善于听取他人的意见,并据此纠正自己的言行,不会强迫他人盲目顺从自己。最初孔子只是将"和而不同"作为小人与君子的区分方式之一,随着时间的推移,其逐渐成为人与人之间出现分歧时的处理方式,并发展出了更多内涵,被广泛应用于人与人的交往中。在如今的社会中,"和而不同"已经不仅仅是人与人交往过程中的准则,更是成为不同民族、不同国家之间的交往准则。"和而不同"将各个国家放在平等的位置上,通过求同存异的方式来实现文化的交流和共存,促进人类文化的多元发展,从而实现

---

① 康渝生、陈奕诺:《"人类命运共同体":马克思"真正的共同体"思想在当代中国的实践》,《学术交流》2016 年第 11 期。

天下大同的目标。

3. 我国外交思想的创新与发展

(1) 毛泽东的国际战略思想

毛泽东作为我国外交事业的开创者和奠基者,没有承认民国政府签下的一系列不平等条约,而是提出了"另起炉灶"和"打扫干净屋子再请客"的外交政策,即在独立自主的基础上与世界各国建立全新的外交关系。在中华人民共和国发展初期,提出了"互相尊重主权和领土完整""任何人不得干涉中国内政"等外交要求,后来周恩来总理在会见印度代表团时第一次提出和平共处五项原则,成为中国在国际关系中的重要准则。

(2) 邓小平关于时代主题的科学论断

邓小平在变幻莫测的国际社会中找到了各国关系中的主要矛盾,提出了"和平与发展是当今时代发展的主题"这一科学论断。通过对时代主题的把握,邓小平及时调整我国的外交政策,将国家工作的重点内容转移到经济发展上来。在国际关系的处理上,邓小平始终坚持独立自主的和平外交政策,并在和平共处五项原则的基础上,进一步发展出了独立自主、完全平等、互相尊重、互不干涉内部事务四项原则,在国际交往中充分尊重他国人民的选择。

(3) 进入21世纪以来中国独立自主和平外交政策的新宣示

随着世界多极化、经济全球化的不断深入,世界政治格局出现了全新的变革,但是和平与发展的主题依旧没有改变。在此前提下,以胡锦涛为总书记的党中央积极推进通过开放合作的方式促进世界和平,建设"和谐世界"。十八大以来,我国进入中华民族伟大复兴的关键阶段,习近平总书记开创了中国特色大国外交模式,体现出中国外交领域的传承和发展①。中国在新时代要建设一种新型的国际关系,这不同于传统的旧的国际关系,是一种在和平共处五项原则的基础上发展同世界各国友好合作,本着相互尊重、公平正义、合作共赢的精神建设新型国际关系。中国将始终高举和平、合作、发展、共赢的旗帜,致力于维护世界和平,促进共同发展。中

---

① 徐艳玲、李聪:《"人类命运共同体"价值意蕴的三重维度》,《科学社会主义》2016年第7期。

国的这一外交政策宗旨也始终不会改变。中国倡导的新型国际关系抛弃旧有的你输我赢的思维,强调合作与共赢。这也是习近平总书记对中国外交思想的重大发展与突破。

(二)人类命运共同体思想的基本特征

1. 依存性

随着经济全球化的进一步发展,各个国家之间的联系愈发紧密,所有国家都处于利益链条之中。因此,各个国家需要以开放的心态和理念来推动本国的发展,并积极将国内经济与世界经济接轨,这样才能够实现共同发展的目标。同时,生态环境等全球性问题的出现也进一步加强了世界各国的合作,全人类联合起来共同对抗人类发展中面临的问题。构建人类命运共同体就是希望能够将各个国家联合在一起,在加强合作的同时,一起面对全球性问题,从而获得共同发展。

2. 平等性

人类命运共同体是指将所有国家放在平等的地位上对待,相互尊重。各个国家在体量、国力、社会制度等方面都存在一定的差异,但是都应该拥有发展的权利,在国际社会中应该获得平等的对待,尤其是在国家主权方面。因此,人类命运共同体的构建要求各个国家能够做到平等互利,共同发展。有些大国经常奉行霸权主义和强权政治,恃强凌弱,将自己凌驾于他国之上,随意干涉他国内政。这种现象时有发生,并没有体现国家交往的平等性。

3. 共赢性

随着经济全球化的深入,世界已经成为一个"地球村",形成了一荣俱荣、一损俱损的利益共同体。因此,如果只是单纯地为了本国的利益去损害他国的利益,恶果最终势必会转嫁到本国。同时,全球性问题的加剧使得所有国家都不能做到独善其身,势必要联合起来面对挑战。人类命运共同体思想,就是要求世界各国要联合起来面对挑战,维护世界和平,促进人类发展[①]。人类命运共同体并不主张在国际交往中进行零和博弈,而是各

---

① 饶世权、林伯海:《习近平的人类命运共同体思想及其时代价值》,《学校党建与思想教育》2016年第4期。

国在经济发展中都能共享发展成果,实现互利共赢。

4. 包容性

人类在发展的过程中创造了无数灿烂的文明,不同的文明催生出了不同的文化,是各民族的智慧结晶,人类世界正是因为这些文化的存在才更加绚丽多彩。文化虽然因为地区、民族、宗教等原因而有所不同,但是其对于人类文明的推进作用是相同的,没有优劣之分。人类命运共同体思想倡导和而不同,希望不同文化能够在发展的过程中相互理解、相互尊重,实现交流和融合,从而推动人类社会的繁荣昌盛。当前的国际交往中有些大国奉行文化霸权主义,向其他国家与地区强行文化输出,迫使其他国家接受这些国家的文化与价值观。人类命运共同体思想反对这种行为与做法,尊重不同国家文化的内在价值,强调包容文化的多元性与差异性。

二、马克思主义哲学视域下人类命运共同体思想的构建

(一)人类命运共同体构建的逻辑基础

1. 历史发展逻辑:历史向世界历史转变

世界历史是人类进行物质活动过程中,世界化发展诞生的产物。随着世界各国的交往逐渐频繁、普遍,国家和民族之间的孤立状态被打破,全球化的趋势逐渐加深。随着民族和国家之间的交往不断扩大,原始生产方式中不同民族之间的分工也被消除,历史开始向世界历史转变①。

人类的解放和自由一直是马克思主义中不变的主题。马克思认为,当人类的生产力达到一定水平之后,就会由个别人转变为集体的活动,从而向世界历史的方向发展,但是这种活动却会不断被异化,并逐渐扩大。随着经济全球化的发展,世界经济市场愈发完善,人们交往的过程和范围都在不断增加,人类的地域性逐渐被世界历史性所替代,这种转变促进了人类的全面发展。在世界历史的前提下,每个人都能够更加充分地展示自身的能力和个性,并得到进一步的发展,成为独立自主的个体。因此,随着历

---

① 叶小文:《人类命运共同体的文化共识》,《新疆师范大学学报(哲学社会科学版)》2016年第6期。

史向世界历史转变的加深,世界各国在政治、文化和经济中的交流会逐渐扩大,没有国家能够在发展的过程中完全脱离世界历史。这一理论说明了当今世界各个国家和民族的交往已经进入相互依存、相互渗透、相互制约的时代,形成了一个经济、文化、政治之间有着紧密联系的世界性的整体。

2. 实践逻辑:全球化的深入发展

虽然马克思和恩格斯没有明确提出过"全球化"一词,但是在资本主义使用机器进行大规模生产、商品交换,并形成分工国际化,加强了世界的联系,将原本相互独立的历史融合为世界历史时,马克思和恩格斯就指出,世界历史中蕴含着全球化发展的历史趋势。

在现今社会,现代科学技术的发展和普及对人们的生活方式、生产经营、价值观念、思维方式等都产生了较大的影响,通过计算机网络而进行的信息革命更是以一种更加彻底的方式改变了传统的信息传播模式,使每个人都能够直接感受到人类文明的成果,进一步加强个体与个体间的互动。随着经济全球化的发展,各个国家之间依存程度更加深入,一个国家的经济目标在很大的程度上受其他国家市场波动性的影响,在政治和文化方面也是如此。与此同时,一些威胁到人类社会发展的问题也逐渐显露出来,如人口问题、环境问题、气候问题、金融问题等。这些问题并不是仅仅依靠一个或几个国家的力量就可以解决的,需要凝聚整个人类社会的力量,各个国家通力合作,才能够创造美好的未来①。

3. 价值逻辑:马克思世界历史理论的人类关怀

随着经济全球化的进一步发展,各个国家之间的联系愈发密切,彼此依赖,彼此竞争,同时生态环境污染等全球化问题日益突出,加强了人类社会的整体性。想要使人类社会能够获得长期稳定的发展,世界各国需要紧密团结在一起。自改革开放以来,我国经济得到了飞速的发展,中国在国际社会中的地位也在不断上升。是中国秉持着人类命运共同体思想,在发展的同时,坚定履行自身的责任和义务,并将自身的发展成果与世界共享。这与西方资本主义国家主导下的不平等国际经济关系有着根本性的不同,

---

① 陈东英:《马克思的共同体思想的主要来源和发展阶段》,《哲学动态》2010 年第 5 期。

人类命运共同体思想强调的是平等和包容,认为各个国家之间应该建立起平等的伙伴关系,共同发展,共同承担发展中的风险和成本。倡导世界各国应该相互学习、相互借鉴,从而达到取长补短的目的,强调人类利益的整体性。

(二)构建人类命运共同体的根本方法

1. 坚持普遍联系的观点,揭示人类命运共同体的共生性

事物之间的普遍联系和发展是物质世界存在的一种状态,马克思对于世界普遍联系的理论和思维,是帮助人们理解世界、认识世界的方法。现今社会,科学技术的发展带动了生产力的提高,信息时代的来临将地球变为"地球村",同时又出现了需要全世界各国携手面对的全球性问题,进一步加强了世界各国的联系。在普遍联系的世界中,没有一个国家能够独立于其他国家进行发展,也没有一个个体是单独存在的,个体的利益变为人类共同的利益,合作和发展成为现今社会的主要内容①。

目前,世界已经形成了普遍的联系,尤其是经济全球化进一步推进,各个国家都不再是单独的个体,而是与其他国家成为有着普遍联系的有机整体。在这种前提下,如果一个国家想要得到长期稳定的发展,势必需要在不同的领域和不同的国家进行合作与交流。事物之间的普遍联系、相互作用,使得世界上所有的事物都在不停地运动,不断地变化和发展,人类社会的开放程度进入一个新的时代,需要一个科学的理念重新审视人类社会。人类命运共同体思想对当前时代的科学理念有着显著的体现,中国特色社会主义随着国家的发展和社会的进步跨入了新时代,突破了传统思想的束缚,在完善中国特色社会主义的基础上,进一步吸收人类文明中的优异成果,在加强自身建设的同时,为人类社会的发展贡献一份力量。

2. 坚持矛盾分析法,体现人类命运共同体的差异性

马克思认为,多样性的种子早在人类还处于原始社会时就已经种下。不同的地区诞生了不同的文明,虽然保持着大致的平衡,但是因为生存环境的不同造就了不同的人文环境,形成了多样化的发展趋势。从本质上来

---

① 董立人:《打造人类命运共同体 积极推进世界和平与发展》,《华北水利水电大学学报(社会科学版)》2015年第12期。

说,这是因为生产力发展水平存在差异。随着科学技术的进步,各个国家和民族的发展都呈现出了全球化的趋势,个体由地域性向全球性转变,人类社会在呈现多元化的同时,又显现出了统一性,两者形成了辩证发展的特征。

发展程度不同的国家和民族在相互交流的过程中,逐渐消除了自身的局限性,开始向全面性发展。较为落后的国家可以吸取先进国家的经验,减少发展过程中的风险,不必完全依靠独自探索。各个国家和民族都在这一过程中不断寻找适合自己国情的发展模式、发展道路,进一步加强了世界各国的多元化发展趋势。民族和文明之间是不存在高低贵贱之分的,只是在发展程度和文明程度上存在一定的差异。在当前的时代背景下,各国寻求发展的目的都是相同的,都为了提高本国人民的福祉,找到适合本国特点的政治发展道路。人类命运共同体思想倡导平等相待、包容互惠、共同繁荣、和而不同,能够有效地实现普遍性与特殊性的统一。

3. 坚持理论与实践的结合,突出人类命运共同体的现实性

人类命运共同体思想是中国共产党人根据当前的国际形势、时代特征、我国国情,对国际社会的发展规律进行探索得出的产物。在提出这一理论后,我党将其作为发展过程中的重要理念,积极推进"一带一路"建设。"一带一路"建设对我国开放型经济体的构建有着重要意义,是建立人类命运共同体的伟大实践。

两千年前,中华人民的先辈依靠坚韧不拔的毅力,开辟了这一条将欧亚大陆连接起来的古代丝绸之路,开始了亚洲与欧洲之间的贸易,在人类历史上书写了新篇章①。古丝绸之路的建设是通过驼队和宝船完成的,并不是长矛和大炮,它是世界人民之间的一座桥梁,为人类的发展和交流奠定了良好的基础,促进了东西方文明的碰撞。我国在传承古丝绸之路精神的基础上,提出了"一带一路"的倡议,是实现人类命运共同体的伟大实践。

新时代的"一带一路"倡议并不只是空洞的口号,而是实实在在通过一系列举措推动国家发展的重要战略,它既不是中国版的"马歇尔计划",也

---

① 郭海龙、汪希:《习近平人类命运共同体思想的生成、价值和实现》,《邓小平研究》2016年第3期。

不是中国版的"门罗宣言"。这一国家级合作倡议依靠现有的双边多边机制以及区域合作平台,共同打造一个"政治互信、经济融合、文化包容"的利益共同体、命运共同体和责任共同体。"一带一路"建设不会将任何国家的发展计划和发展模式作为标准,而是秉持着互惠互利、合作共赢的丝绸之路精神,不仅为我国的发展添砖加瓦,而且也推动参与国的经济发展,实现共同进步的目标。

(三)人类命运共同体构建的最终目标

1. 人自由全面发展的社会历史性

现实生活中的人类,会在特定的社会环境和社会关系中生活并活动,其生存和发展都会不可避免地受到社会关系的制约,与社会中其他人有着紧密的联系①。以往思想家在讨论人的权利和解放时,更多关注人的类特性,并没有研究个人自由发展需要的社会条件。马克思和恩格斯认为,人的发展主体是其本身,但是人与世界、与社会是无法分割的,因此个人的发展一定会受到社会关系的限制,并经历一个长期的过程。

马克思曾经说过,人的发展经历过人的依赖关系、物的依赖关系、个人全面发展这三个阶段。在人的依赖关系这一阶段中,个体由于宗教、人身依附等因素的制约,没有自由和个性可言。在物的依赖关系这一阶段,商品经济决定了自由竞争和平等交换成为社会中的基本准则,将人从依赖关系中解放出来,促进了个体能力的提高,但是又使人陷入了金钱的关系中,成为财富的奴隶。个人全面发展阶段,也就是每个人都能够得到自由全面发展的共产主义社会。在这一阶段中,人们的社会关系发生了根本性的变化,其不再是个体发展过程中的束缚和条件,而是受到个体控制的关系。个体与社会融为一体,使人们能够真正获得自由、全面的发展。

2. 人类命运共同体是马克思"真正的共同体"思想的当代实践

马克思通过个人发展方式和性质来思考个体未来的发展,将其称为"个人发展与社会发展的和谐",也就是共产主义社会中个体自由全面发展的方式和特征。自由发展并不是以破坏他人个性的方式实现的,而是充分

---

① 金应忠:《试论人类命运共同体意识——兼论国际社会共生性》,《国际观察》2014年第1期。

发挥个体的潜能,促进自身全面的发展。同时,其与"利己主义"也存在根本性的差异,并不是完全不顾一切的自我发展,而是将个体的发展与整体的发展联系在一起,使个体发展和整体发展能够不断相互促进,从这一点上来看,这种发展模式只能开始于共产主义社会的背景下[①]。这一理念中的"人"也是一个类概念,指代无数个生命个体,这些生命个体有自己的性格、自己的需求、自己的利益。而人的利益和目标之所以会出现冲突,从根本上说是人类在特定的历史时间点中自我发展和自我肯定的结果。在人类社会生产力较为低下的时候,个体必须通过斗争的方式来获得利益,这种斗争不但会促进生产力的提高,推动社会向前发展,而且在一定程度上也会败坏人们的道德观念,结果是促进了人类精神文明的发展。弱肉强食、适者生存当然是动物世界的一种生存法则,人类社会在相当程度上也受这种法则的支配。人类社会在发展、文明程度在提高之时,它也促使人类对它进行反思,它的弊端反过来加强了人们对团结友爱精神的向往。这对于构建人类命运共同体是十分有利的,在很多时候我们恰恰缺乏这种精神。

三、结论

构建人类命运共同体是我国在新时代中国特色社会主义背景下的重要战略,也是马克思主义中国化研究中的最新理论成果。习近平总书记通过对当前国际社会和中国国情的研究,提出了人类命运共同体的思想,不仅顺应了时代发展的潮流,而且其具有的较为深刻的哲学含义,也进一步强化了对马克思主义哲学的运用。

从马克思主义哲学的角度,对人类命运共同体思想进行哲学上的解读,研究其理论基础,并分析其在现实社会中构建的方法和手段,能够进一步深化马克思主义哲学思想,加强对国际社会的理解,对理解人类整体的发展有着至关重要的意义。

---

① 桑明旭:《构建面向新时代的马克思主义公共性哲学——兼论构建人类命运共同体的哲学基础》,《理论学刊》2019年第5期。

意识形态安全视域中的"联动"与"变异"现象辩微

徐俊峰

【摘要】 党的十九大报告中明确提出,要"牢牢掌握意识形态工作领导权","建设具有强大凝聚力和引领力的社会主义意识形态"。但长期以来,西方意识形态一直渗透于我国意识形态领域,在新时代演化为同质性"联动"与异质性"变异"等问题,催生了民族主义网络化、民粹主义网络化、文化复古主义等形态,制约了社会主义价值正义和实践正义的彰显,增加意识形态安全防控的难度。因此,必须不断巩固马克思主义在意识形态领域的指导地位,完善中国特色社会主义的实践基础,实现意识形态治理的制度化、现代化,构筑社会主义意识形态的引领机制。

【关键词】 意识形态安全;联动;变异;防范策略

【作者简介】 徐俊峰(1971—),上海政法学院马克思主义学院党总支书记、副教授,硕士生导师。主要研究方向:社会主义市场经济运行与发展研究。

党的十九大报告中明确提出,要"牢牢掌握意识形态工作领导权","建设具有强大凝聚力和引领力的社会主义意识形态",预示着维护意识形态安全的紧迫性和重要性。当前,意识形态安全领域出现了新动向,即传统社会思潮集体发力,新型变异性社会思潮逐渐凸显,为意识形态安全建设带来新的挑战。因此,要梳理新时代社会思潮的"联动"与"变异"问题,设计消除这种现象的防范策略,以期为新时代意识形态安全建设提供参考启示。

一、意识形态"联动"现象的基本特征

意识形态"联动"现象根源于西方传统社会思潮的"同质性",即对社会主义制度和社会主义主流意识形态作批判,以"保卫、维护、保存资本主义社会及其价值和本质"为目标①,西方社会思潮集体发力,交互影响,"联合行动"。

当前,各种意识形态并不单独发生作用,也不仅仅局限于某一发展领域,而是相互杂糅、相互呼应,表现为不同的传播形态、渗透路径、传播手段等。普世价值意图实现"意识形态默化"的效果,摧毁社会主义制度的意识形态引领机制②;历史虚无主义彻底否定中国历史选择社会主义道路的基础,试图从根基上摧毁社会主义的历史基础,为攻击共产党的领导和社会主义制度提供合理性和合法性;新自由主义"由理论、学术向政治化、国家意识形态化、范式化转变,成为美英国际垄断资本推行全球一体化理论体系的重要组成部分"③,大肆鼓吹资本主义经济制度的优越性,宣扬资本主义社会结构的科学性、可复制性;民主社会主义奉行思想理论基础的"非意识形态化"、经济基础的"非意识形态化"和国家政权的"非意识形态化"④,充当社会主义与资本主义趋同的"过渡桥";而民粹主义则提供了攻击社会主义制度的力量基础。

---

① 多布雷斯库:《"意识形态化"的专家政治神话》,《哲学译丛》1978 年第 2 期。
② 高立伟:《从西方非意识形态思潮的角度看"普世价值"》,《马克思主义研究》2010 年第 4 期。
③ 中国社会科学院"新自由主义研究"课题组:《新自由主义研究》,《马克思主义研究》2003 年第 6 期。
④ 阳作华、张峰:《评民主社会主义的"非意识形态化"倾向》,《理论月刊》1992 年第 2 期。

二、意识形态"变异"的主要表征

意识形态"变异"现象主要是指在新时代中国特色社会主义建设过程中依然存在的各种不良社会思潮，主要表现为如下形态：

（一）民族主义思潮网络化

一是鲜明的国际化与时代化问题。民族主义"网络化"仍然表现为国际争端问题，包括地区稳定安全问题、国家安全维护问题等；但与传统民族主义的区别在于，民族主义网络化借助网络新媒体技术的发酵和推送，形成了非理性的话语表达与行为展示，引发社会问题和社会矛盾。

二是加剧了国内化倾向。与传统民族主义思潮的国际化倾向不同，伴随西方各种分裂势力、宗教极端主义势力、暴恐主义势力等问题，在互联网平台引发了网民的极端主义行为和极端主义话语等，凸显国内化倾向。

三是极端性表现突出。传统民族主义思潮大多通过公开的、面对面的活动开展，容易引起政府的关注和理性管控。而随着互联网成为公开交流意见的新平台，网络的开放性、隐秘性、匿名性、快捷性等特点，容易激发广大民众参与的积极性，政府也并不能准确快速地发现非理性行为，容易引发大规模非理性的集体主义事件、群体性事件等。

（二）民粹主义思潮网络化

一是民粹主义网络化话语体系极端性。民粹主义先验地认为，精英阶层是用来压制平民的，而国家和制度又是维护精英阶层利益而压制平民的工具，把普通民众利益与国家的行为对立起来。因此，不管国家制度是何种性质，他们坚决否认其合理性和决策的科学性。在资本主义社会，由于政府管理和精英阶层的特权化，平民的话语体系无法通过合理的途径表达，加剧了民粹主义的极端主义行为。在社会主义国家，政府与民众利益具有一致性，但仍有人从情感上煽动民众，激化不同职业、不同身份、不同群体、不同民族、不同地区的矛盾，诋毁政府、攻击社会主义制度，甚至引发群体性事件等，严重威胁着互联网安全和社会安全稳定。

二是民粹主义网络化身份模糊性。就参与者的身份而言，由于互联网具有匿名性、随意性等特征,网民可以自由注册、跟帖、发言等,虚假信息、虚假身份、模糊信息随处可见。民粹主义的本质是"反精英"和"反建制",其参与的主体是普通民众,他们忽视国家集体决策的合理性,片面鼓动民众反抗其对立的群体或制度。因此,其既无明确的组织和领导,又无严谨的体系和纲领,模糊性身份突出。

三是民粹主义网络化传播渠道特殊性。传统民粹主义主要通过现实社会的活动,公开或秘密传播自己的声音,其传播方式必然受到社会各种要素的制约,其危害性不是很大,能够通过政府的引导趋于合理。但民粹主义网络化回避了传统的传播渠道,而是通过网页、手机、微信、微博、QQ等宣扬其所谓的"理念",相关部门很难有效地、快速地了解、掌握其信息的传播渠道。

(三)文化复古主义

一是全面复古主义形态。指全盘照搬传统文化,对传统文化中的糟粕不加分析地照搬,主张应该全面回归传统文化。中华传统文化有着悠久的历史,但传统文化中毕竟有一些与时代发展不符的东西,我们应该在继承的基础上加以发展,而不是一味地接受。

二是隐性复古主义形态。指披着弘扬优秀传统文化的外衣,大搞文化复古主义的本质,把文化复古依附于某种传统的文化要素上,比如借助占卜等形式大搞迷信活动。这种活动是利用部分知识水平较低、有特定需求的群体开展的"变异化"活动。尤须重视的是,部分别有用心的人把现代社会中发生的群体性事件、热点难点焦点问题等和封建迷信活动结合起来。

三、意识形态"联动"与"变异"的负面效应

意识形态"联动"与"变异"既保留了其传统的攻击社会主义制度的属性,又衍生了新型的攻击社会主义制度的形态,对社会主义的价值正义、社会主义的实践正义、社会主义主流意识形态的冲击都是巨大的。

(一)冲击社会主义的价值正义

1516年,莫尔首次提出的"乌有之乡"概念,其含义源于两个希腊语词

根,即"ou"是"没有"或"好"的意思;"topos"指地方①,设想了政治民主、经济公有、生活向上、宗教自由、对外交往友好的社会主义道路价值正义。其后,空想社会主义、科学社会主义、社会主义流派等一直围绕这个价值正义进行理论与实践探索,社会主义的价值正义之光一直闪烁着,备受大多数人的赞赏,也为那些批驳社会主义价值正义的人提供了明证。

科学社会主义为社会主义价值正义赋予科学理论指南,论证了那种追求自由全面发展的"自由人联合体"的理想目标,并设计实现这种价值正义的公有制、按劳分配、按需分配等主要特征,也指明了从资本主义过渡到社会主义的基本手段、依靠力量、领导力量等,突破了资本主义价值正义一统天下的格局,社会主义价值正义旗帜"从易北河和亚德里亚海到太平洋西岸,从西伯利亚到南中国海到处飘扬""社会主义制度如雨后春笋般破土而出,社会主义制度已深入人心"②,孕育了民主社会主义、生态社会主义、市场社会主义、女权社会主义等社会思潮。

目前,以中国特色社会主义为代表的实践模式把这种价值正义发挥到极致,不仅明确提出了社会主义核心价值体系、社会主义核心价值观等理论设定,还提出了"共同富裕""共享发展""人类命运共同体"等实践手段,社会主义价值正义体系日渐完善。但如前所述,西方意识形态自始至终没放弃对社会主义价值正义的攻击目标,新自由主义、普世价值、历史虚无主义、非意识形态化等开始"联动",大力宣扬资本主义属性的民主、自由、平等、博爱等价值理念,而终极目标则集中于对社会主义价值正义的攻击,这种"联动"冲击力大大超越了过去单一的宣传力度,制约着社会主义价值正义力量的彰显。

(二) 影响社会主义的实践正义

科学主义理论的诞生,把社会主义的价值正义和实践正义结合起来,社会主义价值正义的理论力量占据了绝对地位,与资本主义的价值正义相抗衡并日益超越资本主义的价值正义。但从实践正义来看,新生的社会主义实践探索受到了责备和批判,就连那些信仰社会主义价值正义的人们也

---

① 莫尔:《乌托邦》,胡凤飞译,北京出版社2007年版,第9页。
② 管永忆:《走出社会主义认识误区》,国防科技大学出版社1990年版,第28页。

对社会主义的实践正义持怀疑态度。

苏东社会主义实践首次突破了人类对社会主义实践正义的批判,但由于社会主义实践没有理论基础和实践方案可以借鉴,在探索中过早地套用了马克思所指的共产主义高级阶段,采用了绝对公有制的"反市场"经济制度形态,政治集权的苏联实践模式就成了传统社会主义的代名词。这种集权模式在经历一定的成功之后就陷入了效率低下、平均主义等,虽然南斯拉夫、匈牙利等国家探索了"近市场"的改革道路,但在西方和平演变的攻势下,苏东模式还是解体了。苏东模式的解体标志着社会主义实践正义的失败,社会主义实践陷入低谷。

苏东模式解体后,中国特色社会主义继续承担探索社会主义实践正义的道路,并通过大刀阔斧的改革之路,把社会主义实践重新推向高峰。通过稳步的经济改革、政治改革、文化改革、社会改革等逐层推进,并在经济建设、政治建设、文化建设、社会建设、生态文明建设等领域作出了原创性贡献,成功开辟了社会主义实践的典范,明确界定了什么是社会主义,如何建设社会主义,社会主义的优势到底有哪些,如何坚持和完善中国特色社会主义道路等重大理论问题,为世界社会主义发展提供了中国智慧和中国方案。但不否认,在坚持和完善中国特色社会主义,推进国家治理体系和治理能力现代化的进程中,仍然面临很多困难与矛盾。意识形态"变异"问题会利用这些困境对实践正义发起挑战,会夸大现实问题的矛盾,扭曲对现实问题的理解,激化社会矛盾,从而严重影响社会主义实践正义的发挥。

(三)增加了意识形态安全防控的难度

进入 21 世纪以来,中国特色社会主义进入了新时代,社会主要矛盾发生重大转变,经济、政治、文化、社会、生态等各领域取得重大成就的同时,也面临深刻的社会背景转换,意识形态的复杂性就逐渐增加。一方面,意识形态"联动"增加了对社会主义制度和意识形态的攻击力度。西方主流意识的渗透,直接危及社会主义主流意识形态,在新时代复杂多变的国内国际背景下,它们会想尽一切办法开展批判性攻击。如利用国际性事件、突发事件、群体性事件、宗教活动、人权问题等开展的变相活动,从本质上讲仍然是意识形态问题矛盾。另一方面,意识形态"变异"增加了社会主主流意识形态的复杂度。改革进入攻坚期,问题矛盾多发集聚,这给意识形态"变异"提供了合适的土壤,衍生出新型的意识形态。如市场经济催生的市场思维模式、拜金主义、商品拜物教、货币拜物教等问题不容忽视;经济发展过程引发的资源浪费、环境污染、生态失衡、疾病防控等问题突出。这些问题直接参与到意识形态的矛盾中,加剧了意识形态的负面影响,为主流意识形态安全防控增加了难度。

四、意识形态"联动"与"变异"的防范策略

意识形态"联动"与"变异"现象具有深远的历史文化根基和时代依据,既依赖于传统的历史文化基础,又依赖于互联网新技术的变革。这就要求我们既要重视意识形态"联动"与"变异"现象产生的社会基础,又要关注其得以发展的技术基础。

(一)巩固马克思主义在意识形态领域的指导地位

党的十九届四中全会第一次明确把马克思主义对意识形态的指导作为根本制度,这是中国社会发展的历史和实践决定的,也是与马克思主义科学性相统一的。

一是马克思主义是人类文明的价值传承,具有科学性和实践性。从地域上讲,马克思主义产生于西欧国家社会语境,吸收了西方的古典哲学、政治经济学、空想社会主义等精华,是对西方知识体系的批判与升华。从时间上讲,马克思主义是针对19世纪西欧市场经济条件下社会现实的科学理论,是在西欧社会历史和现实基础上的科学性见解。从实践上讲,马克思主义是世界社会主义运动验证了的成果。社会主义从空想到科学、从理论到实践、从一国到多国、从低谷到高峰等,深深影响着世界社会主义运动,其价值追求一直是人类追求的目标。因此,马克思主义是指导意识形态建设的根本制度。

二是中国的历史文化拥有与马克思主义天然统一的元素。一方面,中国人民自古以来追求天人合一、天下大同、平等自由、爱好和平等文化思想基础,这与社会主义弘扬的公平公正、和谐富裕等价值目标天然吻合,为马

克思主义在中国的传播奠定了文化基础；另一方面，马克思在创立理论时虽然没以中国问题为主，但马克思还是非常注重对中国问题的研究，尤其是关于贸易问题、中国革命问题等都有其独到的见解，这也为马克思主义在中国生根发芽提供了天然基础。

三是马克思主义是中国道路实践的选择。近代中国遭受列强入侵的历史决定了中国道路探索的必要性，但半殖民地半封建社会的事实不允许中国走资本主义道路，这就决定了选择社会主义的必然性。中国共产党的成立和艰辛探索，证明了马克思主义对中国道路探索实践的可行性，由新民主主义社会到社会主义再到中国特色社会主义，实现了站起来—富起来—强起来的跨越；通过改革开放的探索，正在走中华民族伟大复兴的道路。

（二）夯实中国特色社会主义制度的实践基础

中国特色社会主义道路是科学社会主义价值理念中国化的具体成果，同时它承载着中华五千年文明的价值追求，是中华人民共和国成立70年来对中国社会主义道路探索的直接成果，也是对科学社会主义作出的原创性贡献。

意识形态的建设离不开社会经济基础，这是消除意识形态"联动"与"变异"的根本。一方面，要坚持和完善中国特色社会主义制度。毋庸置疑，中国特色社会主义制度已经取得了重大突破，社会主义价值正义和实践正义都得到了彰显，在经济领域、政治领域、文化领域、社会领域、生态文明建设领域都取得了突破性的成就，在发展路径、发展理念、道路探索等方面都取得了突破性成就，十九届四中全会从政治、经济、文化、外交、军事等领域把这些成功经验归纳为十三个突出优势，这些制度优势都为破解意识形态"联动"与"变异"问题提供了良好的制度实践基础。另一方面，要推进国家治理体系和治理能力现代化。中国特色社会主义制度拥有十三个突出优势，这并不代表中国特色社会主义没有挑战，中国特色社会主义仍然面临一系列难题：如何保持经济的持久发展？如何不断提高人民对美好生活的需求？如何不断完善政治制度建设？如何破解生态建设困境？这些问题的存在会弱化主流意识形态的传播。这就要持续推进国家治理体系和治理能力现代化建设,一切以制度化为基础,要尊重制度,树立制度权威,把优势更好地转化为治理效能,彻底消除意识形态"联动"与"变异"的实践基础。

(三)推进意识形态治理的制度化、现代化

意识形态属于软文化形态,其建设效果在于人们从内心中认同,从而体现为行动的自觉,而不是强制性地管理意识形态,也没法用统一的硬标准评价意识形态建设的好坏,要通过事实来验证意识形态建设,这就要推进意识形态治理的制度化、现代化。从技术治理层面,要不断加强互联网、多媒体制度建设和技术建设,从技术方面弥补意识形态管理的缺陷,从制度方面规范意识形态的建设。从治理理念层面,要不断强化主流意识形态的地位和功能,也要处理好与其他意识形态的关系,凸显主流意识形态的引领功能。从治理手段层面,要不断运用现代化的手段,寻找科学的引领条件、引领机制、引领方法等,在教育理念、教育方法等方面下功夫。

总之,社会思潮的"联动"与"变异"既是长期以来渗透在意识形态领域的结果,也是新时代意识形态安全领域的新动向,值得我们警惕。必须不断加强马克思主义在意识形态领域的指导地位,坚持完善中国特色社会主义制度,推进国家治理体系和治理能力现代化,把意识形态建设纳入新时代中国特色社会主义建设的重要战略。

从青少年心理特征看我国网络意识形态安全建设

朱杨秀

【摘要】 网络意识形态安全建设是现代网络安全建设的重要内容,也逐渐成为现代国家安全建设的有机组成部分。当前敌对势力利用各种手段对我国青少年进行网络意识形态的攻击,威胁我国网络意识形态安全,这暴露出我国网络意识形态安全存在的问题:少数青少年在逆反心理作用下抵制主流意识形态,在从众心理作用下崇尚西方话语,在求新性和求奇性心理作用下认同敌对势力。为此,要以习近平新时代中国特色社会主义思想教育青少年,提升其政治认同度;培育优秀的网络意见领袖,提升主流意识形态话语权;提高网络监管技术,加强网络立法;占据网络意识形态制高点,维护我国网络意识形态安全。

【关键词】 网络意识形态安全;青少年心理;思想政治教育

【作者简介】 朱杨秀(1996—),上海政法学院硕士研究生。主要研究方向:思想政治教育。

一、青少年是敌对势力进行网络意识形态攻击的重点对象

意识形态工作是党的一项极端重要的工作,习近平总书记在十九大报

告中指出:"意识形态决定文化前进方向和发展道路。必须推进马克思主义中国化时代化大众化,建设具有强大凝聚力和引领力的社会主义意识形态。"①我们每个人的行为方式都会受到思维意识的影响。同样,意识形态对一个国家的发展起着不容小觑的作用。美国政治学家摩根索说:"意识形态同一切观念一样都是武器,既能提高国民士气以增强一国实力,与此同时又能削弱敌国斗志。"②

在互联网时代,网络成为意识形态斗争的主阵地,也是敌对势力攻击我国意识形态的重要渠道,我国网络意识形态安全建设受到了新挑战。"可以说现代网络的发展,形成了网络意识形态斗争的新'角斗场',吹响了不同意识形态明争暗斗的'集结号'。"③在互联网如此发达的今天,我国青少年作为新生力量的代表,已然成为我国网民结构中的重要组成部分。2020年第45次《中国互联网络发展状况统计报告》指出:截至2020年3月,从年龄结构上来看,10—19岁、20—29岁网民占比分别是19.3%、21.5%;从职业结构上来看,在我国网民群体中,学生最多,占比为26.9%④。于是敌对势力在网络世界中对我国青少年群体发起攻击,利用各种"西化""分化"手段引诱我国青少年,诋毁我国主流意识形态。

(一)敌对势力将网络意识形态攻击的矛头指向青少年

第一,青少年价值观尚未定型,辨别信息真伪的能力不足。青少年还没有形成自己坚定的价值观,其"鉴别'精华'与'糟粕'的思维能力尚未完全成熟,思想观念正处在可塑期"⑤。在面临网络不良信息的进攻时,他们十分容易产生思想偏差。"信息对人产生误导或者欺骗作用的原因主要有三个:人对信息内容的无知、信息外观的迷惑性、传播者或信源的压迫性。"⑥

---

① 《习近平谈治国理政》(第三卷),外文出版社2020年版,第32—33页。
② 刘鹏:《浅谈如何深入学习领会习近平总书记关于意识形态工作重要论述精神》,《绥化日报》,2014年9月22日。
③ 李后强、奉鼎哲、秦勇、张永祥:《网络意识形态安全研究》,四川人民出版社2017年版,第10页。
④ CNNIC:《2020年第45次中国互联网络发展状况统计报告》,中国互联网信息中心,2020年7月5日。
⑤ 马文琴:《全球化时代青少年国家认同教育研究》,中华书局2017年版,第140页。
⑥ 王彦:《高校大学生新媒体时代网络信息辨识能力缺乏原因的探析》,《传播力研究》2018年第17期。

青少年还处在社会阅历较少、文化知识水平相对较低的阶段。这就决定了他们对信息真伪的辨别能力还不足,缺乏抵挡错误信息的抗体。敌对势力借助新媒体技术的传播特性,使得不良信息在内容和形式上都更具迷惑性,部分青少年十分容易掉进敌对势力传播的错误信息当中。

第二,部分青少年政治信仰不坚定。我国社会正面临转型,产生了各类社会问题,这使得当代青少年在现实中会面临各种困惑,其政治信仰开始动摇。"据相关调查表明,在我国,有部分中学生在我国国体(人民民主专政)和我国政体(人民代表大会制度)的认同上存在困惑,53.1%的中学生认同社会主义制度比资本主义制度好,8.5%的中学生表示不赞同或者很不赞同,38.4%的中学生表示说不清楚。超过半数的中学生不了解社会主义核心价值观。"①敌对势力利用我国部分青少年国家意识不强的特点,对其进行网络意识形态的攻击就容易得多。

(二) 对青少年实施网络"和平演变"战略

西方国家在完成了经济接轨以后,又开始着手进行政治并轨。其中,美国的互联网政治意识形态输出更是一场看不见硝烟的思想战。2018年9月10日,习近平总书记在全国教育大会上指出:"各种敌对势力从来没有停止对我国实施西化、分化战略,从来没有停止对中国共产党领导和我国社会主义制度进行颠覆破坏活动,始终企图在我国策划'颜色革命'。"②争夺青少年这一群体的手段可谓层出不穷。"今天西方国家对中国不断进行文化渗透活动采取了新的路径,其显著特点是将文化渗透史上,公开的、赤裸裸的、易被识破的显性文化渗透,变换成更隐蔽的、更巧妙的、不易被识破的隐性文化渗透"③。他们深知文化力量更容易支配商业和贸易。

第一,利用影视大片,进行价值观渗透。当前,美国电影在我国青少年群体中越来越有市场。"美国电影是传播美国主导意识形态的重要工具,它通过各种类型的影片推行美国的价值观、生活方式、处世之道,并在与其他国家主导意识形态的隐性交锋中,让观众在无形中进行内心的反省,从

---

① 马文琴:《全球化时代青少年国家认同教育研究》,中华书局2017年版,第120页。
② 《十九大以来重要文献选编(上)》,中央文献出版社2019年版,第648页。
③ 匡长福:《浅谈西方对华文化渗透的新路径》,《思想理论教育导刊》2011年第5期。

而潜移默化地接受美国主导的文化。"①其中个人英雄主义、所谓的民主自由、西方优越论、美国拯救世界论等美国价值观,都在通过电影潜移默化地影响着我国青少年的价值观。另外,美国电影中不乏享乐主义之风的内容,比如风靡一时的影片《了不起的盖茨比》就过度宣扬了一种上层社会纸醉金迷的生活方式,让价值观尚未定型的青少年十分容易受到这种拜金主义的影响,而这种手段正是美国惯用的手法。

第二,利用各大网络平台向我国青少年输出西方价值观。当前,互联网已然成为西方大国对我国输出价值观的主要途径。21世纪初美国利用互联网进行政治意识形态输出战略就已确立。敌对势力利用一些网站宣传所谓的民主制度、普世价值,磨灭我国社会主义意识形态的优越性,诋毁社会主义制度。另外,网络"翻墙"在我国少数青少年中逐渐流行起来,在这些非法网站长期影响下,我国少数青少年对本国的意识形态认可度逐渐降低,对国家的主流意识形态采取敌视的态度,反而十分崇尚敌对势力宣扬的新自由主义、历史虚无主义等错误思潮。

第三,利用网络插手我国内政,煽动青少年情绪。西方敌对势力十分善于利用网络传播途径将我国社会热点事件扩大化,利用这些事件进行炒作,煽动青少年诋毁本国意识形态。在互联网时代下,敌对势力利用网络美化自己,妖魔化中国,对我国青少年进行意识形态层面的攻击,使他们表现出诸多损害国家安全利益的不理性行为,我国网络意识形态安全面临巨大的威胁。

二、从青少年心理看当前网络意识形态安全建设存在的问题

意识具有能动性,对行为具有指导作用。敌对势力从青少年的心理特征着手,在网络世界对其进行有针对性的网络意识形态的攻击。

(一)负面信息横行,使青少年产生逆反心理

逆反心理是当前部分青少年在网络世界中表现出来的一种十分明显

---

① 苑帅民、王小春、王丽、祖磊:《浅谈美国大片中的意识形态特征》,2013 International Conference on Psychology, Management and Social Science (PMSS 2013)。

的心理特征。"弗洛伊德将人格结构分为三部分：本我、自我、超我。其中本我是一个与本能有关的、完全无意识的、充满欲望和情感的非理性心理能量,追求精神内驱力的满足。自我是指人格中的意识结构部分,它代表理智与常识,处于本我与超我之间,按照现实原则,充当仲裁者。超我指人格中最自律、最道德的部分,它代表良心和道德理想,它限制本我,指导自我,实现自我理想。"①在现实生活中,由于家长、老师以及社会道德与法律的约束,青少年一般展现的是"自我"的状态,而网络的虚拟性、开放性、无组织性使得部分青少年的逆反心理有了发泄的场所,"本我"的那一面在部分青少年的逆反心理状态下开始释放。"在网络社会中,青少年的'本我'为'自我'所激荡、所怂恿、所激动"②。

敌对势力基于我国部分青少年存在的逆反心理,对这个群体发起了心理攻势,具体表现为在网络世界中传播各种反动言论、反动观点、负面信息,诋毁我国主流意识形态。"西方大肆炒作中国转型期问题,炮制负面话题,干涉中国内政。中国社会转型正处于人民内部矛盾凸显期与群体性事件多发期,加之一些地方危机处置与应急管理尚有不足,某些主管部门在'第一时间'的'发声能力'不强,致使'小道消息'甚至谣言满天飞,西方媒体伺机制造负面舆论,极力抹黑中国形象。"③少数青少年长时间受这些负面信息的影响,逐渐对我国主流意识形态产生一定的抵制情绪。与此同时,我国学校对青少年进行网络意识形态安全教育的力度也明显不足。部分学校没有注意到青少年的网络叛逆心理给我国网络意识形态安全带来的危害,忽视对青少年进行良好的网络意识形态安全教育。当前,互联网以迅雷不及掩耳之势进入青少年的生活,学校却没有做到应时而变,没能借助网络平台进行网络意识形态安全知识的宣传教育,使青少年难以将主流意识形态内化于心。加之敌对势力的恶意抹黑,少数青少年政治理念出现偏差,对我国取得的卓越成就选择性"失明""失聪"。

---

① 郭瑞芳：《网络心理分析》,中国传媒大学出版社2016年版,第120页。
② 陈光磊、黄济民：《青少年网络心理》,中国传媒大学出版社2008年版,第56页。
③ 沈林：《中国的民族国情与理论政策》,知识产权出版社2017年版,第133页。

(二)崇尚西方话语,使青少年从众心理加剧

青少年作为一个价值观尚未定型的群体,在面对一些备受关注的网络事件时难以理智客观地分析问题的本质,他们容易跟随大众的脚步走。部分青少年从众心理明显,沉默的螺旋理论在网络世界依旧存在。"沉默的螺旋理论描述了人们在表达自己想法和观点的时候,如果看到自己赞同的观点,并且受到广泛欢迎,就会积极参与进来,使这类观点越发大胆地发表和扩散;而发觉某一观点无人或很少有人理会(有时会有群起而攻之的遭遇),即使自己赞同它,也会保持沉默。"①正如古斯塔夫·勒庞所说:"一个心理群体所表现出来的最令人吃惊的特征主要如下:构成这个群体的个人有很多,但不管是谁,不管他们的生活方式、职业选择、智力水平以及性格特点是相同还是完全不同,但有一个事实是他们变成了一个群体,相应地就会产生一种集体心理,这种集体心理使得他们的感情和思想行为变得同自己单独一个人时有很大的不同。"②网络世界中部分青少年会跟随着舆论的导向走,即便其内心存在不一样的声音。在信息爆炸的时代,"越带有情绪化色彩的极端化言论越容易获得众人的关注而具有更加广泛的话语市场。因此,粗俗、偏激、情绪化的非理性言论更为容易获得群体煽情的爆炸式效果。由于获得了众多情绪化的低频共振,这种非理性的话语便在一定时空场域获得了话语制高点"③。于是部分青少年会在这种从众心理下,毫无责任感地对这些无理性的声音进行发帖、转帖,逐渐远离真相,远离宣扬正能量的主流意识形态。

敌对势力抢夺网络空间话语权,使得我国部分青少年崇尚西方话语。在互联网时代,"网络空间主流意识形态话语权建设,事关国家网络意识形态安全,彰显网络空间公共价值理性,是国家文化软实力建设的核心与灵魂"④。敌对势力十分善于提升其意识形态话语的吸引力,抢夺话语主导权,增强青少年对其的认同感。"这一点,美国做得就很成功,无论是可口

---

① 张舒予:《视觉文化与媒介素养研究手册》,中国广播影视出版社2017年版,第11页。
② 古斯塔夫·勒庞:《乌合之众》,中国友谊出版公司2019年版,第29页。
③ 郑军:《网络传播者的社会责任与媒介素养》,河北教育出版社2012年版,第57页。
④ 秦程节:《网络空间主流意识形态话语权的流失与重构》,《中国矿业大学学报》2020年第4期。

可乐、麦当劳,还是 NBA、好莱坞,抑或是迪士尼,带给世界各地的人们尤其是青少年诸多的亲切感和认同感,这种'从宝宝抓起'的文化战略,有着难以估量的影响力。"①事实证明美国的文化战略所起的效果十分明显,当前我国部分青少年十分崇尚美国的生活方式与价值观,而在从众心理的影响下,越来越多的青少年盲目跟风,对美国的饮食、娱乐等背后反映出来的美国意识形态十分推崇。美国对网络主导话语权的把握,使得我国少数青少年对其意识形态产生好感。在以传统媒体为主导的时代,主流媒体对整个社会的引导作用十分明显,而当前话语权的场域逐渐泛化,"信息的传播没有时间限制和空间障碍,互联网的发展从信息共享到信息共建,每个用户只要拥有信息终端设备和畅通的网络,都可以通过文字、图片、视频图像进行简短的文本发布"②。在这样的大背景下,话语主体逐渐多元化,使得网络上出现了大量碎片化、低俗化、泛娱乐化的信息,尤其是西方话语以压倒性的态势不断影响着我国部分青少年的价值取向。一些主流媒体在网络世界中的失语失声,使其在与西方话语力量的博弈中失去了明显优势,这造成我国的网络意识形态安全面临巨大挑战。

(三)网络的虚拟性,激发青少年的求新求奇心理

"求新性和求奇性心理是网络思想政治教育受众最为突出的心理特征"③。求新性与求奇性都是在当今物质生活极大丰富,人们对精神生活有了更高要求后所表现出来的心理特征,这种心理特征在青少年的身上则表现得尤为明显。青少年每天面对的是一成不变的学习生活,现实生活的枯燥乏味,让他们将注意力转移到了充满趣味的网络世界。在这个世界中,各种新奇的网络游戏和微信、微博等,充分满足了他们的求新性心理。另外,好奇心也是青少年走进网络世界的重要原因,在青少年看来,网络世界是一个十分神秘的新世界,在这个世界里有着现实生活中所没有的新事物。因此他们渴望一探究竟,让潜在的欲望得到进一步的释放与表达,对

---

① 张国庆:《媒体话语权——美国媒体如何影响世界》,中国人民大学出版社 2012 年版,第 30 页。
② 刘秉亚:《"微时代"高校思想政治教育创新研究》,成都西南交大出版社 2017 年版,第 81 页。
③ 王仕民:《思想政治教育心理学概论》,中山大学出版社 2015 年版,第 263 页。

于充满着各种想法的青少年来说,一旦进入网络世界就很容易被新奇的网络世界所吸引,但他们往往又很难辨别网络世界存在的虚假信息,因而容易掉进敌对势力设计的网络意识形态的陷阱中。敌对势力正是看到了青少年的这一心理特点,利用其先进的网络技术,突破我国网络防线,进行信息监控、网站篡改、意识形态渗透。2016 年,习近平在网络安全和信息化工作座谈会上指出:"互联网核心技术是我们最大的安全'命门',核心技术受制于人是我们最大的隐患。网络安全具有很强的隐蔽性,一个技术漏洞、安全风险可能隐藏几年都发现不了,结果是'谁进来了不知道、是敌是友不知道、干了什么不知道',长期'潜伏'在里面,一旦有事就发作了。"①当前,我国网络监管技术还不成熟,敌对势力利用技术优势进行网络意识形态的渗透,据 2020 年第 45 次中国互联网络发展状况统计报告统计:截至 2019 年 12 月,国家计算机网络应急技术处理协调中心监测发现我国境内被篡改网站 185 573 个,较 2018 年底(7 049 个)增长较大;监测发现被植入后门的网站数量达到 84 850 个,较 2018 年底(23 608 个)增长 259.4%,其中我国境内被植入后门的政府网站数量达到 717 个②。另外,"从信息产品使用看,我国关键信息基础设施大量使用美'八大金刚'的产品和服务,据统计,我国政府部门和重点行业的服务器、存储设备、操作系统和数据库大多都是国外产品,核电、民航等工控系统主要依靠国外厂商技术维护"③。我国在核心技术上对国外的依赖程度还比较高,因此对敌对势力进行网络意识形态把关十分不易。

三、赢得青少年,大力加强网络意识形态安全建设

(一)用新时代中国特色社会主义思想教育青少年,提升政治认同

当前,敌对势力利用网络对我国青少年进行意识形态的渗透与青少年

---

① 《习近平在网络安全和信息化工作座谈会上的讲话》,《中国信息安全》2016 年第 5 期。
② CNNIC:《2020 年第 45 次中国互联网络发展状况统计报告》,中国互联网信息中心,2020 年 4 月 28 日。
③ 陈中奎:《互联网时代中国意识形态安全问题研究》,社会科学文献出版社 2019 年版,第 17 页。

自身政治认同不强有很大的关系。政治认同不强导致青少年十分容易在敌对势力的进攻下陷入意识形态的混乱。要维护我国网络意识形态安全，就要让青少年充分了解社会主义意识形态的优越性，从而提升政治认同。习近平新时代中国特色社会主义思想是马克思主义中国化最新成果，更是实现中华民族伟大复兴的行动指南。为此，学校要从以下两方面着手，促进青少年学好新思想，提升政治认同。

第一，教师要学会改变教学方式，学会用典型案例向学生阐释习近平新时代中国特色社会主义思想的理论内核与实践路径，而不是机械地灌输理论。教师可以借用新媒体技术，集图、文、声、像于一体，让教学形式变得生动活泼，将抽象的知识具体化、形象化，有助于学生感性认识的发展，并促进理性认识的形成，提升青少年的思想觉悟，让青少年在面对敌对势力的网络意识形态进攻时能做出正确的价值选择，维护我国社会主义意识形态的主导地位，增强"四个意识"，坚定"四个自信"，做到"两个维护"，真正提升政治认同感，增强对网络信息的辨别能力和对错误信息的抵制能力。

第二，利用润物细无声的隐性宣传教育，使青少年深刻领悟新思想。学校作为青少年教育的主要阵地，要"采取多种途径，密切联系学生关注和感兴趣的问题，将课堂教学与课外活动相结合。可通过举办研讨会、报告会、调研活动、参观展览馆、纪念馆、博物馆等方式进行思想政治教育，也可通过节日庆典、文艺演出、影视歌剧等形式渗透习近平新时代中国特色社会主义思想"①。只有创新教学方式，吸引学生对新思想的学习兴趣，才能让学生增强对国家的自信心，提升政治认同，从而与国家同呼吸共命运，共同维护网络意识形态安全。

（二）培育优秀的网络意见领袖，提升主流意识形态话语权

新时代，只有牢牢把握网络主流意识形态话语权，才能赢得主流意识形态主导权。当前，网络红人对青少年的动员能力极强，甚至有着一呼百应的实力，对青少年价值观的塑造起着十分重要的作用。习近平总书记指出："随着互联网快速发展，包括新媒体从业人员和网络'意见领袖'在内的

---

① 马文琴：《全球化时代青少年国家认同教育研究》，中华书局2017年版，第486页。

网络人士大量涌现。在这两个群体中,有些经营网络、是'搭台'的,有些网上发声、是'唱戏'的,往往能左右互联网的议题,能量不可小觑。"①

第一,培育校园网络意见领袖。校园内需要一部分拥有一定关注度与话语权的意见领袖来为学生普遍关注的问题发声。学校要鼓励校园意见领袖多与广大青少年加强交流沟通,从而使他们获得大家的认同与支持,进一步提升其话语权。对这部分校园意见领袖的工作应予以支持,为其创造发言的机会。同时"充分重视培养校园意见领袖对网络传播的正确认知,使其进一步掌握信息传播的规律,加强对不良信息的把控力和辨识能力,严格要求其在网络中的言行及所发表内容的质量,培养熟练应用网络信息技术、掌握网络知识,具备良好网络素养的全能校园意见领袖"②,从而为夺得主流意识形态话语主导权创造必要的条件。

第二,培育微博意见领袖。当前,微博平台是娱乐明星、网络红人与青少年进行交流互动的重要平台之一。清华大学新闻与传播学院沈阳教授指出,"微博其实是最适合意见领袖栖息的生态之地。微博的兴起与繁荣,既为传统意见领袖提供了全新的平台,又为新兴意见领袖的生长提供了肥沃的土壤"③。因此,一方面要与"微博意见领袖坦率、真诚地交流和沟通,为其提供开放、宽容的舆论环境,让其敞开心扉畅所欲言、建言献策、表达真知灼见,主动发挥正向影响,如定期或不定期地举办座谈会、新闻发布会、听证会等,邀请微博意见领袖的代表人士参加,向他们通报信息,听取他们的意见、建议,并通过他们做好网民的工作"④;另一方面,政府要积极引导微博意见领袖关注新闻时事以及社会热点,引导他们理性发声,笃行示范,努力充当主流意识形态的宣传者。另外,可以引导微博意见领袖主动担任社会公益机构的形象大使,这样不仅能够提升微博意见领袖自身的责任感,让其主动为社会公共事件发声,同时也能带动青少年去关注更有价值的正能量话题。

---

① 《习近平在网络安全和信息化工作座谈会上的讲话》,《中国信息安全》2016年第5期。
② 王烨:《微时代背景下校园意见领袖对高职院校大学生思想政治教育的影响》,《黑河学院学报》2018年第10期。
③ 孙忠良:《微博问政与执政党的民主建设研究》,中央编译出版社2017年版,第129页。
④ 生奇志:《面向网络舆情的群体性事件的预警机制研究》,东北大学出版2014年版,第96页。

第三,相关部门要建立健全微博信息预警机制和快速反应机制,对网络意见领袖的不当言论进行及时有效的处理。出现适当不同的声音是有必要的,在多元化交锋中呈现信息的真实性、客观性能提升青少年对国家的信任感,但对于部分网络意见领袖的偏激言论则必须进行严厉管控。网络意见领袖的过激言论十分容易煽动青少年的情绪,从而使其价值观偏离正确的轨道。因此,相关部门要在这类过激言论扩散之初就及时阻止,做好舆论的防控和预警工作,将谣言的扩散扼杀在萌芽状态。同时,要对这些人依照相关法律法规予以揭露和处置。

(三) 提高网络监管技术,加强网络立法

第一,加强网络核心技术研发投入,摆脱网络核心技术受制于人的局面。要保证我国拥有一个安全的网络环境就要有过硬的网络核心技术。"历史经验表明,谁制胜互联网技术,谁就制胜互联网信息流向;谁制胜互联网信息流向,谁就制胜互联网政治意识形态认同。"[①]习近平总书记指出:"我们要掌握我国互联网发展主动权,保障互联网安全、国家安全,就必须突破核心技术这个难题,争取在某些领域、某些方面实现'弯道超车'。"[②]当前我国被植入后门网站、篡改网站数量的激增都证明了我国网络核心技术亟待加强。为此,我国要加大对核心技术研发和应用方面的科研经费投入。同时要做到在科研投入上集中力量办大事,将好钢用在刀刃上,围绕国家亟须突破的核心技术,把拳头攥紧,坚持不懈做下去。

第二,培育高水平网络技术人才。"技术对抗的核心还是人的对抗,建设与我国国际地位相符合、与网络强国相适应的网络空间防护力量,取得互联网防御核心技术的突破,关键还在于人才的培养。"[③]只有培育一支政治强、业务精、作风好的网络科技领军人才队伍才能为建设网络强国提供强大的支撑。习近平总书记指出:"建设网络强国,没有一支优秀的人才队伍,没有人才创造力迸发、活力涌流,是难以成功的。念好了人才经,才能

---

① 李艳艳:《美国互联网政治意识形态输出战略与应对》,社会科学文献出版社2015年版,第79页。
② 《习近平在网络安全和信息化工作座谈会上的讲话》,《中国信息安全》2016年第5期。
③ 陈中奎:《互联网时代中国意识形态安全问题研究》,社会科学文献出版社2019年版,第178页。

事半功倍。"①首先,要重视网络安全技术学科的建设,请优秀的老师,编优秀的教材,招优秀的学生。注重设计专业化的培养方案,进行专业化的人才培养,为打造网络强国准备充足的后备军。其次,对特殊的人才要进行特殊的政策。正如习近平总书记所说:"互联网领域的人才,不少是怪才、奇才,他们往往不走一般套路,有很多奇思妙想。对待特殊人才要有特殊政策,不要求全责备,不要论资排辈,不要都用一把尺子衡量。"②最后,要能建立完善的人才激励机制,让科技人才体会到成就感、获得感,从而激发他们的潜能。

第三,注重网络立法工作,普及网络法律知识。"形成良好网上舆论氛围,不是说只能有一个声音、一个调子,而是说不能搬弄是非、颠倒黑白、造谣生事、违法犯罪,不能超越了宪法法律界限。"③当前,网络立法工作的不完善以及法律监管的缺失是我国少数青少年在网络世界盲目从众转帖、发表过激言论的重要原因之一。为此,我国应当加快网络立法进程,完善依法监管措施,对网络不法行为进行惩治打击。同时,也要加强网络法律知识的普及,很多青少年对相关法律并不是十分了解,错误地认为在网络世界就可以为所欲为。因此,加大对青少年的普法力度也十分必要。

---

① 《习近平在网络安全和信息化工作座谈会上的讲话》,《中国信息安全》2016年第5期。
② 《习近平在网络安全和信息化工作座谈会上的讲话》,《中国信息安全》2016年第5期。
③ 《习近平在网络安全和信息化工作座谈会上的讲话》,《中国信息安全》2016年第5期。

论消费主义思潮对大学生消费观的消极影响及对策

陈慧博

【摘要】 西方消费主义思潮既是一种经济现象,也是一种文化现象,它起源于发达的西方资本主义国家,是由快速发展的生产力催生出来的产物。在经济全球化的背景下,西方消费主义思潮很大程度上改变了广大发展中国家的社会生活。在西方消费主义思潮的影响下,一些中国大学生出现了消费观功利化、符号化、随欲化的特征以及攀比、盲目从众的消费现象。近年来出现的大学生校园贷、裸贷问题就是大学生受消费主义影响的体现。要以社会主义核心价值观引领大学生的消费观,同时抵御西方消费主义思潮的消极影响,离不开社会、高校、家庭和个人的努力。

【关键词】 消费主义;大学生;消费观;社会主义核心价值观

【作者简介】 陈慧博(1996—),女,汉族,上海政法学院硕士研究生。主要研究方向:中国特色社会主义法治理论与实践。

当前大学生的消费方式和消费观念无形中受到西方消费主义思潮的冲击。凭借其强势的世界话语权,西方国家企图通过消费领域意识形态的渗透来消解青年群体的主流价值观。探讨消费主义思潮对大学生消费观的消极影响及应对策略,对加强社会主义核心价值观教育及建设和谐社会具有重要意义。

一、研究大学生消费问题的必要性

（一）研究大学生消费问题的缘起

近年来校园贷、裸贷问题愈演愈烈，起初把这个问题推到风口浪尖的是2016年，河南某高校大学生郑某因沉迷于赌球，又缺乏经济能力，盗用身边28名同学的学生证、身份证等身份信息，在网络贷款平台贷款60多万元，无法偿还选择了跳楼。2017年悲剧再次上演，厦门某大二女生在五个网络贷款平台进行贷款，其中在一个平台就贷款50余万元，最后自觉无颜面对父母选择自杀。近年来因校园贷引发的案例不胜枚举，西方消费主义思潮对大学生的消极影响不容忽视。

消费主义是一种遵循资本增值目的的生活方式和消费观念，它的主要特征为无尽的享受、挥霍、奢侈和浪费①。西方消费主义鼓励通过物质产品的无限消费来追求精神愉悦和优良的社会评价，鼓励无节制的享受物质财富。西方消费主义思潮作为一种经济现象和文化现象，在发达的资本主义国家盛行，随着网络科技的高速发展以及经济与文化的日益交流和融合，西方消费主义思潮也席卷了广大发展中国家。受西方消费主义思潮的影响，目前大学生中出现了消费观功利化、符号化、随欲化的特征及攀比、盲目从众等非理性消费行为。因此，为了有效规避西方消费主义思潮对中国大学生在意识形态层面的负面影响，必须加强对西方消费主义思潮的批判研究。

消费主义主要是指西方发达资本主义国家过分注重物质享受和毫无节制地消耗自然资源，并且将超前消费、过度消费视为主要生活方式。它是以超出基本生活需求的物质消费为价值取向和以享受为导向的行为实践。消费符号化是消费主义的主要表现形式，从主观要求看，它以制造和追求时尚为动力，从客观可能看，它以货币万能为载体②。消费主义者试

---

① 赵玲：《消费的人本意蕴及其价值回归》，《哲学研究》2006年第9期。
② 高文武、关胜侠：《消费主义与消费生态化》，武汉大学出版社2011年版，第69页。

图以占有和过度消耗物质资源来显示自己高人一等的身份和无比优越的地位,具有极大的负面性。

(二) 消费主义的特征

消费主义是一种文化,而符号是这种文化的象征之一。波德里亚、詹姆逊、布迪厄、费瑟斯通等理论家认为在后工业社会,消费不再是一种纯粹的经济行为,而变成了具有符号象征性的行为。波德里亚认为:"具有决定意义的,并不是透过物品法则的利益等个体功能,而是这种透过符号法则的交换、沟通、价值分配等即时社会性功能。"①因此,消费的目的不再是维持简单的生存和发展,而是更多地去关注消费本身的意义。按波德里亚的观点,消费不只是消费商品本身,更是消费其背后的象征意义。消费主义者往往把无节制的消费视为是对财富、地位和身份的彰显。消费主义将社会地位、个人身份与高昂的消费品连接在一起,构成满足自我表达的意义系统。

西方消费主义思潮打着符号消费的旗号,使人失去真正的自我,西方消费主义思潮并没有宣传得那么美好,人的主体性受到西方消费主义思潮的影响而逐渐衰弱。在资本主义私有制下,人不是作为"真正的人"在进行生产和消费,人在生产和消费过程中失去了应有的自主性和创造性,也就失去了其主体性。

消费主义中对消费欲望的追逐,本质上属于"自恋文化"的一种。美国历史学家克里斯托弗·拉什在《自恋主义文化》中谈到,在当代社会,自恋主义已成为集体趋势,人们只是着眼于眼前的生存,关注自己、乐于表现自己,甚至欣赏自己的腐败,培养一种超验的自我中心。此外,受西方消费主义思潮的影响,人们习惯于把那些有能力消费或敢于消费的人当作偶像,盲目崇拜、盲目跟风,像及时行乐、消费攀比等都是自恋文化的表现。"自恋文化"提倡自我欲望的满足,以自我为中心。消费主义的自我中心性主要体现为消费者在消费中表现出来的处处善待自己、关注自己。

(三) 消费主义的本质

物质主义是指处于消费社会中的人们对物质财富、物质消费和物质占

---

① 让·波德里亚:《消费社会》,刘成富、全志钢译,南京大学出版社2000年版,第69页。

有的无止境追求与渴望。西方消费主义价值观正是以对物的无尽追求、占有和消费为主要内容,获得生理上的满足以及心理与精神上的需要。具体来讲就是通过超前性消费、攀比性消费和炫耀性消费来体现身份、地位、荣誉等。从根本上来说,在西方消费主义的主导下,消费对象主要就是极具物质性的。

消费主义本身是物质主义和享乐主义的合成物,既包括对物质消费品的占有欲望形态,也包括消费享乐主义。在一定意义上,消费物质主义和享乐主义是联结在一起的。现代消费文化在满足大众消费快感的背后,却是一种意识形态的操纵行为。它宣称人生的意义就是及时行乐,人只有在物质消费中才能获得幸福,才能实现生活的价值。在消费主义的逻辑里,物质占有与物质消费具有至高无上的地位,它把物质的占有与无节制的消费看作衡量人生价值的唯一标准。

二、大学生的消费特征

(一) 炫耀性消费

关于"炫耀性消费"的观点,最初是由美国著名社会学家、经济学家凡勃伦提出的,浪费性、奢侈性和铺张性是其典型特征。大学生虽然没有独立的经济来源,但也深受西方消费主义思潮的影响,倾向于"面子工程"。如今,大学生穿大牌衣服、买奢侈品的现象很普遍。很多女生都偏向于买昂贵的化妆品,男生在请客时更是选择高消费场所,尤其是在谈恋爱的时候。大学生的消费行为超出基本的生存与生活需要,昂贵的物品或高消费场所反而更受青睐,这印证了"凡勃伦效应",即商品的标价越高,消费者反而会因它的高标价而增加对它的需求。这似乎有违商品价值规律,但在由生产主导型社会向消费主导型社会过渡的当今,却有它的意义。1889年,凡勃伦在《有闲阶级论》中揭示过这种现象的本质,即人们的炫耀性消费心理。人们的社会角色和社会地位需要通过一些特定的商品来证明。昂贵的物品通常能满足人们的炫耀性心理,更能彰显自己的财富优越感,凸显他们和普通大众不一样的社会地位。大学生也不例外,自身的穿着打扮、赠送的礼物、吃饭的场所都是其炫耀存在感的体现。

（二）攀比性消费

当代大学生正处在价值观形成的阶段，他们思想活跃，接受各种新事物、新观念能力较强，但自身明辨是非能力较差，容易受到周围不良风气及错误观念的影响。大学生中盲目跟风购买电子产品、名牌鞋包、高档化妆品和服装的现象较为普遍，而不考虑自己的消费能力和消费需求。少数学生热衷于张扬自我、标新立异、引领潮流。除此之外，在"面子文化"的影响下，大学校园里的请客送礼之风日渐盛行，不管对朋友还是恋人，他们总是想要通过高消费比如送高档礼物、在高档场所消费来显示自己的消费水平，使自己看起来更有面子。有些大学生不考虑自己的消费能力和消费需要，而去盲目消费、跟风消费。某种程度上，近几年出现的校园贷消费正是利用了大学生的此种消费心理，引发其消费冲动。

三、大学生受消费主义思潮影响的原因

（一）西方消费主义的渗透

美国环境保护主义理论家比尔·麦克基本曾在《自然的终结》中指出，消费主义是到目前为止最强有力的意识形态。随着经济和文化交流的逐渐深入，美国等资本主义国家的意识形态向世界各国的渗透日趋明显。借助便捷的网络平台和高新技术手段，西方资本主义国家的大众文化及享乐主义的生活方式遍及全球，社会主义国家的意识形态安全正面临着来自信息网络化的愈发严峻的挑战。消费主义奢靡之风的盛行，导致人民的物质欲望不断膨胀，产生消费异化现象，对青年一代的影响也日益增长。总之，崇尚物质至上理念的西方消费主义思潮在中国泛滥，奴役着社会大众。消费主义思潮的渗透使人走进欲望膨胀且永远得不到满足的泥潭。

（二）高校和家庭教育的缺失

高校是思想政治教育的主阵地。然而，面对当前肆意蔓延的消费主义，我国许多高校还没有采取相应的措施。首先，高校缺乏对大学生进行消费观念的教育，没有开设有关消费文化或消费知识的课程与活动，这在

目前很多高校中是相当普遍的。大多数大学生缺乏这方面的教育,没有意识到消费主义的危害性,这也导致西方消费主义思潮很容易对大学生产生影响。高校专业设置、课程体系与社会需求不十分吻合,教学内容与形式枯燥乏味,脱离社会现实,这也导致学生对学习知识提不起兴趣,消费主义趁虚而入。

与此同时,大学生非理性消费观的形成与家庭氛围及家庭成员的消费观念、消费行为有关。一方面,现在大多数大学生都是独生子女,从小倍受父母的呵护,生活独立性和生活自理能力不强,而他们的生活条件都比较优越。很多父母表达爱的方式就是让孩子用好的穿好的,在物质上尽情享受。另一方面,很多大学生的消费观念和消费行为的形成,都是受到家庭成员潜移默化的影响。某些暴发户家庭以追求物质消费为荣,肆意挥霍、炫耀攀比现象严重,在无形之中,这种非理性的消费观念和行为就给孩子造成了不良误导。此外,家长对孩子的消费观教育、理财观教育、传统美德教育的缺失,忽视对子女的消费行为的监督,无论子女提出什么消费需求都一味满足的溺爱,都与大学生日后形成非理性消费观有着或多或少的联系。

(三)大学生自身认识能力不足并受大众传媒的舆论误导

大学生的心理状况较为脆弱,对消费主义的认识不够,他们不完全理解消费主义的本质和危害。他们很容易被他人欺骗、被事物的表象所蒙蔽,无法分辨意识形态侵略背后的真实目的。同时许多人渐渐忽视中国传统美德,让奢侈、攀比、浪费等不良风气大行其道。大众传媒,特别是微博、微信等新媒体,以利益为导向,迎合西方消费主义思潮,娱乐化、低俗化倾向明显,善于制造话题博人眼球。这种不良的舆论环境对大学生消费观念的形成产生不良影响。

四、大学生如何理性消费

大学生的消费观念与消费行为要与自身角色相符,要与家庭经济实力相符,要与经济社会发展相符。因此,要杜绝超前消费、盲目消费、攀比消费的消费现象,反对西方消费主义思潮物质至上理念。

(一)提倡马克思主义指导下的科学消费观

马克思主义确立了消费在生产和流通中的重要作用。科学消费观要求人们坚持从实际生活需要出发,理性消费、适度消费、绿色消费,杜绝情绪化消费。从大学生角度来说,为防止大学生陷入虚荣拜物教,社会和高校迫切需要在马克思主义指导下推动和促进科学的消费观。这种科学消费观应当适合我国基本国情,与我国经济水平发展相适应,符合社会主义核心价值观所倡导的消费观。只有实践马克思主义指导下的科学消费观,才能协调好人与自身、人与人、人与社会的关系,有利于大学生秉持正确的消费观念。大学生自身应重视培养良好的消费心理和消费习惯,坚持科学消费观。

(二)高校要加强社会主义核心价值观教育

大学生科学消费观的培养与其世界观、人生观、价值观的培育密不可分。首先,高校应不断深化教学改革,发挥思政课价值观教育的主导作用,丰富教学形式与内容,将教学内容与时代发展相联系,与社会需求相吻合。同时应重视学生的主体性,提高教学质量,思政课教师作为培育和践行大学生社会主义核心价值观的第一责任人,要实现从灌输式教学向对话式教学的转变,逐渐摆脱照本宣科、枯燥乏味的教学模式,把广大青年大学生吸引到知识的殿堂,共同抵御西方消费主义思潮对大学生的不利影响。

其次,发挥大学生社团的教育作用。时下,在大学校园里,可以随处看到以赞助大学生校园活动为主的商业广告,各种商业广告进入大学校园,使校园文化日益商业化。大学的学术活动得不到重视,而频频遭到这种商业气息的侵袭,这使得校园文化呈现庸俗化趋势。大学生社团是大学生依据自身共同的兴趣爱好、价值观念等自发自愿结成的学生组织,除了能促进高雅、丰富多彩的校园文化建设外,对大学生的隐性教育也具有不可忽视的作用。大学生社团是社会主义核心价值观引领大学生价值观念的重要载体。大学生社团作为一种大学生喜闻乐见的组织形式,要发挥其在大学生中的传播和引导作用,使大学生思想政治教育深入心灵。此外,高校还可以多设置勤工俭学岗位,让更多学生利用课余时间参与进来,这不仅可以给大学生提供一个自食其力的机会,又可以促使他们在实践中深切体会到劳动、价值和消费之间的内在关联,从而树立正确的消费观和价值观。

最后,利用大学生日常校园文化活动,推进社会主义核心价值观教育。高校应创新社会主义核心价值观教育活动形式,形成校园文化特色,打造校园文化品牌。高校应鼓励大学生充分利用大学的文化平台进行校园文艺创作,形成文艺育德的氛围,在潜移默化中培养大学生正确的价值观。此外,针对当下西方消费主义思潮肆虐的现象,高校应加强消费观教育,开设相应课程,使得大学生有渠道去真正学习消费知识,通过举办鼓励节俭消费的校园文化活动,加强对大学生价值观、理性消费观的教育力度。

(三)重整家风教育,加强理性消费观引导

马克思主义将实现人类的自由解放作为其最高目标,家庭教育也应该重视培养孩子的自主性和能动性。然而,当代很多大学生没有科学、理性的消费观,没有正确的消费行为。因此,父母必须以身作则,秉持正确的消费态度,引导大学生不要被不良社会风气影响而盲目消费。家长要做好孩子的思想教育工作,要批判功利主义、攀比之风。

2013年10月,习近平总书记在全国妇联新领导集体成员的讲话中强调,成千上万的家庭有着良好的家庭氛围,他们的孩子受过良好的家庭教育,对促进和谐社会风气的形成具有重要意义。在习近平总书记看来,千家万户都应坚持发扬优良传统,以千千万万家庭的好家风支撑起全社会的好风气,在全社会掀起倡导优良传统和践行家庭美德的新高潮。正所谓"齐家"而后"治国",家长必须重视家庭教育,引导大学生树立正确的价值观,形成科学合理的消费观念和消费行为,这不仅有利于大学生人格的培养,而且有利于形成健康的社会氛围。

(四)规范和优化大众传媒,发挥媒体监管作用

大众传媒既可以为西方消费主义思潮所利用,更应当使之为引导大众形成崇尚理性、科学的消费观服务。必须规范和优化大众传媒的引导,创造良好的消费环境。

首先,要更加注重媒体的道德责任,规范广告的形式和内容,更加严格管理广告,及时消除有关消费主义的宣传,注重监管,确保媒体传播的内容适应社会主义核心价值的要求,增强大众传媒的社会责任感。其次,媒体监督管理机关必须对网络、电视、报纸、广告等加强监管,加强对媒体内容真实性和价值观导向的把控,避免一些带有明显消费主义导向的内容出现在大众传媒上。有关职能部门应该密切配合,采取有效措施,严厉打击和遏制不良媒体。

《老子》的生态智慧及其现代价值*

涂立贤

【摘要】 面对越来越严重的生态危机,被人们信奉多时的主客二分的西方自然观念暴露出了严重的缺陷,寻求建立新型的人与自然的关系成为当务之急。道家经典著作《老子》中蕴含的平等、尊重、知足知止的生态智慧,可以为人与自然的和谐相处、为人类社会的可持续发展提供有益的借鉴,具有重要的现实意义。

【关键词】 《老子》;生态思想;现代价值

【作者简介】 涂立贤(1986—),历史学博士,上海政法学院讲师。主要研究方向:中国思想史、道家道教思想文化。

生态文明制度建设是中国特色社会主义制度体系建设的重要组成部分,十八大以来,以习近平同志为核心的党中央非常重视生态文明制度建设,党的十九届四中全会明确了生态文明制度建设是坚持和完善社会主义制度体系的题中之义,并将生态发展与文明发展联系起来,指出:"生态文明建设是关系中华民族永续发展的千年大计。必须践行绿水青山就是金

---

* 本文系 2019 年"上海高校青年教师培养资助计划"阶段性成果之一。

山银山的理念,坚持节约资源和保护环境的基本国策,坚持节约优先、保护优先、自然恢复为主的方针,坚定走生产发展、生活富裕、生态良好的文明发展道路,建设美丽中国。"①中国传统文化蕴含着丰富的生态智慧,《老子》作为中国文化原典之一,其中包含着丰富的尊重自然、按照自然规律办事、人与自然和谐相处、追求可持续发展的生态文明理念,对于现代生态文明制度建设具有重要的启发意义。

一、"道生一"的万物同源平等观

在人类产生之初,由于生产水平和认识水平的限制,人们对自然极其依赖与敬畏,但是文明产生之后,人类凭借其聪明的大脑和团结协作的精神,对自然的控制和利用逐渐加强,使得人类逐渐得意忘形,将自身凌驾于自然之上。前后两种截然相反的态度都是对人与自然关系的误解,《老子》为我们提供了一种新型的天人关系,即人与自然不是奴仆与主人的关系,而是互相依存的一个整体,这个整体以"道"为核心。

"'道'字是《老子》的中心,是其特点"②,也是《老子》生态思想的起点与核心。"道"的含义博大精深,"比较一致的看法是,有几个方面的意义。首先是作为天地万物的根源,其次是讲事物发展的规律,第三是讲生活的准则,属于伦理道德的范围。"③作为天地万物的根源,《老子》第二十五章对"道"进行了描述:"有物混成,先天地生。寂兮寥兮,独立不改,周行而不殆,可以为天下母。吾不知其名,强字之曰'道',强为之名曰'大'。"④天地产生之前,有一种混沌未分的东西,它寂静无声,虚渺无形,独立自存,不消不亡,循环运行,永不停息,它是天地的母体,更是万物的基始,无法以具体的名称称呼它,勉强叫它"道"吧。老子认为天地间存在这种"先天地生"并且"可以为天下母"的东西,作为万物共生的源头,老子认为其内涵超出言

---

① 《中共中央关于坚持和完善中国特色社会主义制度 推进国家治理体系和治理能力现代化若干重大问题的决定》,《人民日报》,2019 年 11 月 6 日。
② 熊铁基、马良怀、刘韶军:《中国老学史》,福建人民出版社 2005 年版,第 28 页。
③ 熊铁基、马良怀、刘韶军:《中国老学史》,福建人民出版社 2005 年版,第 29 页。
④ 陈鼓应:《老子今注今译》,商务印书馆 2009 年版,第 169 页。

语之外,难以对其进行命名与具体描述,具体的词句难以囊括万物源头的内涵,老子不得不退而求其次,以"道"字为其命名,但其实"道"字与老子体悟的本源内涵仍有差距,故《老子》第一章即明言:"道可道,非常道,名可名,非常名。"亦因此,老子才言:"强字之曰道。"拨开了文字迷雾,老子以"道"作为万物同源的依据,是天地万物的根源,所谓"道生一,一生二,二生三,三生万物。"①"道"是独一无二的,由"道"产生阴阳二气,阴阳二气相互作用产生千差万别的天地万物。在这个由"道"产生的宇宙系统中,"道大,天大,地大,人亦大。域中有四大,而人居其一焉"②。即天、地、人同是这个宇宙系统的一个子系统,同为四大之一,它们是平等的,欲要共存于这一宇宙体系中,应当相互扶持,和谐共处,老子曰:"天网恢恢,疏而不失。"③宇宙的范围虽然广大无边,但是生存其间的各个成员通过共同的法则而紧密地联系在一起,交织成一张疏而不漏的天网,如若违反这一法则,必遭祸殃。这一法则的核心就是"自然":"人法地,地法天,天法道,道法自然。"④共存于这一系统中的天、地、人各依据其本性生存和发展,反对人为地干涉。

由上可见,《老子》以"道"为起点构建新的宇宙系统,天、地、人以平等的地位生存其间,万物各有其存在的意义与价值,人类作为万物的一员,不应凌驾于万物之上,以自然的征服者与支配者自居,而应当与万物和谐相处,与万物建立一种相互扶持、共存共荣的协作关系,只有这样,才能在空间与资源有限的条件下实现共赢。习近平总书记在阐发生态文明思想时坚持人与自然的生命共同体思想,他指出:"我们要认识到山水林田湖是一个生命共同体。"⑤组成自然的各个要素同处于一个生态系统中,缺一不可,任何一个要素的破坏或消失都会造成生态链的破坏,这正是中国传统文化中人与自然和谐相处理念的反映。

---

① 陈鼓应:《老子今注今译》,商务印书馆 2009 年版,第 233 页。
② 陈鼓应:《老子今注今译》,商务印书馆 2009 年版,第 169 页。
③ 陈鼓应:《老子今注今译》,商务印书馆 2009 年版,第 326 页。
④ 陈鼓应:《老子今注今译》,商务印书馆 2009 年版,第 169 页。
⑤ 《十八大以来重要文献选编(上)》,中央文献出版社 2014 年版,第 507 页。

二、"道法自然"的尊重态度

天、地、人本应处于一种平等的地位,但是人作为万物的灵长,他们拥有主观能动性,这使得人在宇宙系统中相对于天、地处于一种相对优势地位,美国著名的生物学家、生态学家和教育家巴里·康芒纳在其著作《封闭的循环》中指出了这种不确定性带来人对环境认知的歪曲:"在生物学上,人类是环境体系中的一部分,即其整体的附属部分。但是,人类社会又是被设计好来开发这个作为一个整体的环境去生产财富的。我们在地球上所扮演的这个矛盾的角色——既是参与者又是开发者,便歪曲了我们对环境的概念。"①在原始社会,个人依附于自然而生存,一个人要想幸存下来,必须遵守自然规律,但随着现代科技的发展,工业文明使得人类对自然的依赖性逐渐降低,人类开始以自然的主人自居,甚至认为"我们已经创造了我们自己的环境,而不再依靠自然所提供的那个环境了。在现代社会和工业技术急于追求利润的过程中,我们被诱入了一种致命的错觉:通过我们的各种机器,我们至少已经从对自然环境的依赖中摆脱出来了"②。在这种错觉的支配下,人类忘记了自身也是环境参与者的身份,无视自然规律,肆无忌惮地对环境进行开发,破坏了环境的动态平衡,并任自然超负荷工作——处理人类生产带来的各种垃圾,这样一味攫取造成了严重的生态破坏:地球变暖,酸雨肆虐,臭氧层破坏;森林和湿地面积迅速减少,生物多样性锐减;土壤退化加速,流失加剧;淡水资源缺乏及污染加剧;非再生资源过度消耗,海洋生物资源也面临严重威胁;固体废物与日俱增,人口膨胀……地球已不堪重负。要恢复与自然的和谐相处,必须谨记天、地、人是共存共荣的平等关系,必须遵守"道法自然"的共生法则。

欲要做到尊重自然,就必须了解自然的运作规律。"万物负阴而抱阳,充气以为和。"③阴阳二气是宇宙演化过程生生不息的源泉,两者共同推动

---

① 康芒纳:《封闭的循环》,侯文蕙译,吉林人民出版社1997年版,第10页。
② 康芒纳:《封闭的循环》,侯文蕙译,吉林人民出版社1997年版,第11页。
③ 陈鼓应:《老子今注今译》,商务印书馆2009年版,第233页。

自然循环往复、不可穷极的永恒运作。正如《老子》第十六章所描述的:"万物并作,吾以观复。夫物芸芸,各复归其根。归根曰静,静曰复命。复命曰常,知常曰明。不知常,妄作凶。"①万物蓬勃生长,我们能从中看到循环不息的道理。万物茂盛成长,最终还是得回归其本根。回归本根的过程就是一个由动到静的过程,由动到静叫作回归本源。回归本源是永恒的规律,知道这个规律即可称为"明"。对于自然循环往复的运作规律,老子进行了多次强调,《老子》第二十五章言:"大曰逝,逝曰远,远曰反。"②"大"即是"道",它广大无边且伸展遥远,但最终仍要返回本源。第四十章曰:"反者道之动。""道"的运动方式就是循环往复。这就是自然万物运作的规律,如果不知道这个规律,妄作主张就会招致祸殃,这就是"不知常,妄作凶"。《老子》第三十九章中对将招致的祸殃也作了描述:"昔之得一者:天得一以清;地得一以宁;神得一以灵;谷得一以盈,万物得一以生;侯王得一而以为天下正。其致之也,谓天无以清,将恐裂;地无以宁,将恐废;神无以灵,将恐歇;谷无以盈,将恐竭;万物无以生,将恐灭;侯王无以正,将恐蹶。"③"一"就是"道",天循道而清明,地循道而宁静,神循道而灵验,谷循道而充盈,万物循道而生长,侯王循道而天下安定。他们都遵循这个原则而得到他们所想要得到的,相反,如果不遵守规律,就会走向灭亡和颠覆。违道而行,后果如此严重,那么我们应该怎样遵道而行呢?"大道泛兮,其可左右。万物恃之以生而不辞,功成不名有。衣养万物而不为主。"④大道无处不在,万物依赖其而生存,但是它并不居功,任万物按其本性发展。道的可贵之处就在于让万物按其本性发展,尊重事物的内在本性和发展规律,这也正是我们应该学习的。人类不应该拥有聪慧的头脑,却干出拔苗助长的蠢事。所以"圣人处无为之事,行不言之教"⑤,"是以圣人无为故无败,无执故无失"⑥。"无为"并非无所作为,而是依照自然规律而为,从而达到似乎

---

① 陈鼓应:《老子今注今译》,商务印书馆 2009 年版,第 134 页。
② 陈鼓应:《老子今注今译》,商务印书馆 2009 年版,第 169 页。
③ 陈鼓应:《老子今注今译》,商务印书馆 2009 年版,第 221 页。
④ 陈鼓应:《老子今注今译》,商务印书馆 2009 年版,第 203 页。
⑤ 陈鼓应:《老子今注今译》,商务印书馆 2009 年版,第 80 页。
⑥ 陈鼓应:《老子今注今译》,商务印书馆 2009 年版,第 301 页。

无所作为,却收获事半功倍的效果。

　　自然万物循环往复就是为了保持生态平衡,但是人为活动常常打破这种平衡。《老子》第七十七章就批判了这种人道对天道的背离:"天之道,其犹张弓与?高者抑之,下者举之;有余者损之,不足者补之。天之道,损有余而补不足。人之道则不然,损不足以奉有余。孰能有余以奉天下,唯有道者。"①自然的规律如同安装弓弦一样,高了时就压低些,低了时就抬高些,富余时就减少些,不足时就补充些,最终实现整个系统的平衡。自然的规律就是损减多余的来弥补不足的,而人世的做法却是剥夺不足者来供奉有余的人。老子不禁反问谁能够把多余的拿来奉献给不足的呢?只有遵循自然规律的人才做得到。

　　"损有余而补不足"是自然为了保持生态平衡的自发行为,人类作为自然系统中的要素之一,要对自身定位有清醒的认识,不做违反自然规律的事情,尊重自然,顺应自然发展规律,如我国的西气东输、南水北调,受益者甚众。"损不足以奉有余"违反自然规律,破坏生态平衡,在道德层面也是行不通的,是必须加以避免和改正的。

　　重自然规律,保持生态平衡关系着文明的兴衰。习近平总书记从人类宏观历史进程出发,提出"生态兴则文明兴、生态衰则文明衰"的论断,并在全国生态环境保护大会上指出保护环境对于延续中华民族五千多年的文明具有重要意义,为中华文明的正确、可持续发展提供了指引。

三、知足知止的开发观

　　人因为生存的需要,必然要依赖各种自然资源,如空气、水、土壤、各种矿物资源等,这本无可厚非,但是在索取的同时我们必须明白自然界的各种资源并非无限的,自然的自我调节能力也不是无限的,我们在向自然索取的时候,应当心怀感激,在不可避免地向自然排放垃圾的时候,应当心怀歉疚,尽可能地减少对自然的伤害,维持自然的自我修复能力,必要时还要

---

①　陈鼓应:《老子今注今译》,商务印书馆2009年版,第336页。

帮助自然修复伤口。维持人与自然的和谐、可持续发展，人类应该取之有度，老子提倡的知足知止的开发观对此很有启发意义。

知足知止首先在于合理控制欲望。《老子》认为一味地放纵自己的欲望，并不能够带来幸福，相反还会危害自身："五色令人目盲；五音令人耳聋；五味令人口爽；驰骋畋猎，令人心发狂；难得之物，令人行妨。是以圣人为腹不为目，故去彼取此。"①缤纷的色彩让人眼花缭乱，纷杂的声音会损害听觉的灵敏，过分贪食使人味觉迟钝，驰骋打猎使人心放荡不安，稀有的宝物引人犯罪。声色享受只能让人获得一时的舒畅，并不能带来长久的幸福，所以圣人但求满足基本的生活需要，而不过分放纵自己的欲望，克制外欲而保持内心的宁静。外欲对身心的损害，老子以三连反问警醒世人："名与身孰亲？身与货孰多？得与亡孰病？甚爱必大费；多藏必厚亡。"②名位与生命哪一个和人更密不可分？生命和财货相比哪一个更重要？获得名利和失去生命相比哪一个对人更有害？须知过分热衷于名利，必然要付出巨大的代价；过度贪取财物，必然要遭受惨重的损失，故老子告诫世人："祸莫大于不知足，咎莫大于欲得。"③如果我们在沉迷于名利的时候能够认真想想，仔细考察，然后再作决定，这样就能避免很多祸殃，所以人们应该节制自己的欲望，不然就会陷入无休止的物欲旋涡，只有"知足之足，常足矣"④！只有知道满足，适度增长，才会获得永远的满足，同时"知足不辱，知止不殆，可以长久"⑤。只有知道满足才能不招致侮辱，知道适可而止才能够避免危险，这才是长久之道。

但是节制欲望并不等于禁欲，而是指欲望要合于道，建立合理的消费观与开发观，应该怎样做？对于个人而言，首先"修之于身，其德乃真"⑥。只有先磨炼自身的品德，才可能从根本上戒除放纵恣欲的生活，杜绝各种虚妄杂念，行于大道。其次，应当"见素抱朴，少私寡欲"⑦，即保持淳朴的

---

① 陈鼓应：《老子今注今译》，商务印书馆2009年版，第118页。
② 陈鼓应：《老子今注今译》，商务印书馆2009年版，第241页。
③ 陈鼓应：《老子今注今译》，商务印书馆2009年版，第245页。
④ 陈鼓应：《老子今注今译》，商务印书馆2009年版，第245页。
⑤ 陈鼓应：《老子今注今译》，商务印书馆2009年版，第241页。
⑥ 陈鼓应：《老子今注今译》，商务印书馆2009年版，第271页。
⑦ 陈鼓应：《老子今注今译》，商务印书馆2009年版，第147页。

本性,减少私欲,"是以圣人去甚,去奢,去泰"①,即去除极端的、奢侈的、过度的欲望。即使拥有优裕的生活,也能够保持淡泊的心态,"虽有荣观,燕处超然"②。

再次,应当保持节俭的品德,保有一颗慈爱之心,保持谦逊的态度,《老子》将这三者列为处世的三件法宝:"我有三宝,持而保之。一曰慈,一曰俭,三曰不敢为天下先。"③持有这样的消费观与开发观,人类自然会对自身过度掠取自然的行为进行反思。面对日益严重的生态危机,老子的清醒反衬了我们的疯狂与迷失,建立新型和谐的天人关系正是当务之急,这不仅是挽救自然,也是挽救我们自己!

我国的生态文明建设"坚持节约优先、保护优先、自然恢复为主的方针",正是出于可持续发展的考虑,《老子》的知足知止的消费观与开发观对于解决当前经济发展与环境保护之间的矛盾、促进经济社会可持续发展很有启发意义。改革开放以来,我国经济发展迅速,人们的物质需求得到了较大满足,但随之而来的环境污染、生态破坏等问题逐渐突出,而且随着生活水平的提高,人们的需求层次也发生了变化。党的十九大报告指出,我国社会主要矛盾已经转化为人民日益增长的美好生活需要和不平衡不充分的发展之间的矛盾。生态环境直接关系民生,要满足人们对美好生活的需求,必须重视生态文明建设,只有保持良好的生态环境,人类才能创造更多的物质财富与精神财富。习近平总书记多次强调:"我们既要绿水青山,也要金山银山。宁要绿水青山,不要金山银山,而且绿水青山就是金山银山。"④"绿水青山"就是良好的生态环境,"金山银山"就是经济发展,经济发展不能以牺牲环境为代价,美好环境不仅为美好生活提供物质前提,而且是美好生活的题中之义。

面对种种环境问题,人类开始反思被信奉了多时的主客二分的西方自然观念,寻求建立新型的人与自然的关系,道家经典著作《老子》中蕴含的

---

① 陈鼓应:《老子今注今译》,商务印书馆2009年版,第188页。
② 陈鼓应:《老子今注今译》,商务印书馆2009年版,第176页。
③ 陈鼓应:《老子今注今译》,商务印书馆2009年版,第310页。
④ 《习近平总书记系列重要讲话读本》,学习出版社2016年版,第230页。

丰富而深刻的生态观念——万物同源的平等观、尊重自然的保护观念、知足知止的节制观念,为人与自然的和谐此相处、为人类社会的可持续发展提供了有益的借鉴,具有重要的现实意义。

新时代大学生法治观教育的困境与对策研究——以"思想道德修养与法律基础"课贯彻"三进"为视角

刘旭光

【摘要】 党的十八大以来,习近平总书记多次强调"宪法的根基在于人民发自内心的拥护,宪法的威力在于人民出自真诚的信仰";只有"信仰法治与坚守法治",才能实现"全社会信仰法治"的目标导向。党的十九大报告提出要"提高全民族法治素养和道德素质""加大全民普法力度,建设社会主义法治文化,树立宪法法律至上、法律面前人人平等的法治理念"等,这为新时代全民法治观的培养和教育提出了明确的要求。新时代大学生,是中国特色社会主义建设发展的核心力量,是全面推进依法治国战略的核心实践者,其对法治观的教育有着明确的现实诉求。本文深刻剖析新时代大学生法治观教育中存在的问题及困境,旗帜鲜明地以习近平新时代中国特色社会主义思想为指导,以习近平法治思想的"三进"为统领,结合法治观教育的一线教学实践,探索破解新时代大学生法治观教育困境的途径,并提出具体的操作方案。

【关键词】 新时代大学生;法治观教育;"思想道德修养与法律基础"课

---

* 本文系上海学校德育实践研究课题基金项目"习近平新时代中国特色社会主义思想'三进'路径研究——以'思想道德修养与法律基础'为例"(项目编号:2020 - D - 148)阶段性成果。

【作者简介】 刘旭光(1984—),上海政法学院讲师,思想政治教育教研室主任,清华大学访问学者。主要研究方向:思想政治教育。

2017年5月3日,习近平在中国政法大学考察时,强调"要坚持中国特色社会主义法治道路,坚持以马克思主义法学思想和中国特色社会主义法治理论为指导,立德树人,德法兼修,培养大批高素质法治人才"①。实际上,自党的十八大以来,习近平总书记以中国特色社会主义法治道路、法治体系、法治实践为基础,围绕全面依法治国作出一系列重要论述,形成了一个主题集中、主线鲜明、内容丰富、内涵深邃的法治思想体系②。习近平法治思想是中国特色社会法治理论的核心支撑,也是开展新时代中国特色社会主义法治观教育的内容。聚焦高校,对新时代大学生进行以习近平法治思想为核心的法治观教育就显得尤为重要。

但从目前的教学现状来说,除了法学专业的基础课——"法理学"之外,就是各部门法的教育。而在大学生社会主义法治观教育层面,面向全校学生无差别的教育途径,主要依托——"思想道德修养与法律基础"课(以下简称"基础课")展开。"基础课"是德治与法治教育有机结合的重要课程载体,而法律基础部分则承担着培育大学生社会主义法治观的功能。本文通过在教学过程中的课堂调查及访谈,总结分析在新时代大学生法治观教育中存在的问题与困境,探究这些问题及困境产生的内在逻辑、外部原因,进而提出新时代大学生法治观教育的优化

---

① 《习近平在中国政法大学考察》,新华网,2017年5月3日。
② 《百位专家谈习近平法治思想摘录》,《人民论坛》2017年第26期。注:在该摘录中,受访专家(袁曙宏、杨小军、陈冀平、胡云腾、张文显、付子堂、朱景文、李林、王利明、徐显明、黄进等)均持这样的观点,即自党的十八大以来,习近平总书记在全面推进依法治国领域所发表的系列讲话,回答了"中国特色社会主义法治向哪里走、跟谁走、走什么路、实现什么目标、如何实现目标等一系列重大问题",形成了习近平法治思想。关于习近平法治思想的研究,自党的十八大以来学界成果颇多,比较有代表性的有:胡锦光:《习近平法治思想内涵解读》,《人民论坛》2014年第28期;张恒山:《十八大以来习近平法治思想梳理与阐释》,《人民论坛》2014年第29期;李林:《习近平法治观八大要义》,《人民论坛》2014年第33期;公丕祥:《习近平法治思想述要》,《法律科学(西北政法大学学报)》2015年第5期;张文显:《习近平法治思想研究》,《法制与社会发展》2016年第2—4期;冯军:《论习近平法治思想的时代背景与重大创新》,《东岳论丛》2017年第10期;徐奕斐:《习近平新时代中国特色社会主义法治思想研究》,《山东社会科学》2018年第7期;等等。上述有关习近平法治思想研究的系列成果,对习近平法治思想的理论溯源、内涵体系、主要特征及重大意义等方面展开了较为深入的研究,为本文有关新时代中国法治观念教育的研究提供了丰富的材料。

方案。

一、新时代大学生法治观教育强化的现实诉求

（一）法治观教育是新时代大学生成长与成才的内在要求

何为新时代？德国哲学家黑格尔说："就个人来说，每个人都是他那时代的产儿。哲学也是这样，它是被把握在思想中的它的时代。"①意为任何个人对时代的理解都无法超越其所处的时代，而理论对时代的把握总是要等这个时代过后才能被充分地理解。"密纳发的猫头鹰要等黄昏的到来，才会起飞"（黑格尔语）所表达的正是此意。马克思、恩格斯则认为："人们是自己的观念、思想等等的生产者，但这里所说的人们是现实的、从事活动的人们，他们受自己的生产力和与之相适应的交往的一定发展——直到交往的最遥远的形态——所制约。意识在任何时候都只能是被意识到了的存在，而人们的存在就是他们的现实生活过程。"②历史唯物主义批判了对时代的反思意识只能滞后于时代的唯心主义，科学的意识对社会存在有着重要的指导意义和推动作用。对于时代的科学判断，有利于时代朝着正确方向发展，而对新时代的判断也只能从具体的物质生活条件中去发现，"我们判断这样一个变革时代也不能以它的意识为根据；相反，这个意识必须从物质生活的矛盾中，从社会生产力和生产关系之间的现存冲突中去解释"③。因此，党的十九大对我国社会主要矛盾发生的历史性变化作出了重大的、科学的政治论断，即我国社会主要矛盾已经转化为人民日益增长的美好生活需要和不平衡不充分的发展之间的矛盾，深刻地揭示出中国特色社会主义进入了一个新的时代。

新时代不是一个单纯的政治经济文化发展阶段的指征，而有着其特有的内涵与要求。聚焦在高等教育领域，新时代对这一时期的大学生而言，也有着与以往时代不同的要求。党的十九大报告中"明确全面推进依法治

---

① 黑格尔：《法哲学原理》，范扬、张企泰译，商务印书馆2010年版，序言部分第12页。
② 《马克思恩格斯选集（第1卷）》，人民出版社2012年版，第152页。
③ 《马克思恩格斯选集（第2卷）》，人民出版社2012年版，第3页。

国总目标是建设中国特色社会主义法治体系、建设社会主义法治国家",并提出"加大全民普法力度""提高全民族法治素养和道德素质"的要求。"青年兴则国家兴,青年强则国家强",新时代大学生作为国家青年群体中的中坚力量,他们的成长成才离不开良好的环境及教育,而新时代中国特色社会主义法治理论、道路和体系的建设,新时代中国特色社会主义法治文化的塑造以及新时代中国特色社会主义法治理念的内化等任务,均离不开对新时代大学生法治观的教育和塑造。

(二)法治观教育是社会主义核心价值观"三进"的必然要求

社会主义核心价值观是当代中国精神的集中体现,是凝聚中国力量的思想道德基础。习近平总书记强调:"青年处在价值观形成和确立的时期,抓好这一时期的价值观养成十分重要。"[①]对于青年大学生而言,其价值取向决定了未来整个社会的价值取向,对其开展行之有效的社会主义核心价值观"三进"是高校思政教育教学工作的重要任务。而法治观的教育是社会主义核心价值观教育中必不可少的内容,作为时代精英的大学生群体自然不可回避这种教育。

以"三个倡导"为基本内容的社会主义核心价值观,与中国特色社会主义发展要求相契合,与中华优秀传统文化和人类文明优秀成果相承接,是我们党凝聚全党全社会价值共识作出的重要论断。对新时代大学生而言,"具有针对性的核心价值观在于法治观、道德观与爱国观,法治观内隐着民主、法治、自由、平等与公正;爱国观内隐着富强、文明与和谐;道德观内隐着诚信、敬业与友善"[②]。法治观、爱国观与道德观三位一体,构成了社会主义核心价值观的基本内容,三者相互影响、辩证统一,如果说爱国观是社会主义核心价值观的基石,那么法治观则是践行社会主义核心价值观的保障,道德观则是社会主义核心价值观的价值要求。

法治观作为社会主义核心价值观中的重要组成部分,"是客观的法治实践工作在人们头脑中的反映,是人们关于法律知识、法律意识、法治观

---

① 《习近平谈治国理政》,外文出版社2014年版,第172页。
② 刘旭光:《社会主义核心价值观及法治观研究述评》,载《社会主义核心价值观"三进"研究论文集》,上海大学出版社2015年版,第162页。

点、法治心理的总称"①。它是人们重视、遵守和严格执行法律制度、践行法治的一种思想意识,是人们对法治实践的一种能动反映和内在自觉。它表达了人们对法治的理解、把握和评价要求,社会主义的法治观应以培育公民法治信仰为终极的价值目标。对于新时代大学生而言,其法治观的塑成标志着法治的精髓已深入其心理结构的底层,沉淀为良好的法治心理素质并以稳定的法治思维方式表现出来,影响着他们的社会行为选择,而这正也契合了法治中国建设的本质要求。因此,对新时代大学生的法治观教育是社会主义核心价值观"三进"的必然要求。

(三)法治观教育是破解大学生法治思维"西化"的重要武器

我国理论界对法治理论的研究主要从古希腊至中世纪、西方近现代法治实践与理论出发,十一届三中全会以来的改革开放,让中国真正认识西方世界的经济发达与法治文明,随之而来的法律移植论和本土论之争,在实际运行过程中,学习和借鉴西方法治的做法占了上风。另外,也存在着固守中国法律传统的"民族主义"倾向。聚焦于大学生法治观教育层面,就呈现为法治观教育的载体缺失,法治观教育的内容混乱化,主要就表现为"西化"的倾向②——以西方法治观为圭臬,作为我国法治观教育的指南。聚焦高校法律专业教师以及思政课教师领域,其法治观念的西方化,也会直接影响对高校大学生的法治观培育,进而导致新时代大学生法治思维的"西化"现象。

根据笔者在一线教学的随堂调查中发现,大学生法治观的"西化"导致了其对中国特色社会主义法治理论、道路、体系的不认同,表现为忽视中国

---

① 刘旭光:《社会主义核心价值观之法治观"三进"的策略与机制分析》,《中共成都市委党校学报》,2015年第4期。
② 中国法治(法律)理论的西化问题得到了学界的关注,比较有代表性的研究有:公丕祥:《法律现代化不等于西方化》,《法学》1997年第1期;田成有、张鹤、崔娥:《20年来,中国法治的西化与本土化之争》,《学术探索》1999年第4期;汤唯:《法律西方化与本土化的理性思考——也论中国法律文化现代化》,《烟台大学学报(哲学社会科学版)》1999年第4期;蒋立山:《法律现代化的三个层面——从法律"西化"概念说起》,《法学》2003年第2期;龙钰、冯颜利:《法制现代化不等于西方化》,《中国社会科学报》,2014年5月5日;李金枝:《西化的法治话语与中国法治道路的深层张力及其消解》,《学术交流》2018年第4期。上述研究成果大都对中国法治理论、道路及体系发展的方向给予了较为审慎的态度。法治现代化、国际化不意味着西方化,任何西化模式都不可能一成不变地植根于不同的国家;强调当代中国的法治现代化,不是西方化,决不全盘搬照抄西方的法治理念、法治模式、法治道路、法律制度和司法体系。但总体来说,学界有关法治西化的研究还是相对薄弱的。

特色社会主义民主政治的现实逻辑,而片面追问伪命题"法大、党大"的答案;表现为忽视我国宪法的基本精神以及我国国体、政体的基本逻辑,片面地以西方法治为模板;表现为忽视中国特色社会主义法治实践土壤中所累积的法治理念,以拿来主义,将西方法治文化作为我国法治文化建设的指南。

据调查分析主要原因有:其一,纯粹直观的感性判断,即其没有成熟的法治观念,全根据个人喜好进行选择。更多时候是一个所谓个性的表达,即由于当下中国法治建设进程中的挫折或问题,而转向认同所谓法治文明高度发达的西方。其二,简单的理性逻辑思维,即未经过深刻理性的比较、反思、判断。认为现代西方发达国家尤其是美国,其之所以取得这样的地位就是其有着高度发达的法治文明。这里有个简单逻辑:"因为它是好的,所以我们也应当如此。"概言之,鉴于中国特色社会主义法治道路的历史和时代因素制约,对新时代个性鲜明而又缺乏系统法治观教育的大学生来说,这种"西化"法治思维特征更为明显,迫切需要科学的法治观教育。科学且有效的法治观教育是应对和破解大学生法治思维"西化"的有力武器。

二、新时代大学生法治观教育困境的衍生要素

(一) 新时代大学生接受法治观教育的积极主动性薄弱

据调查,相当部分的大学生认为法治国家的建设与自身并无多大关系,全面推进依法治国战略以及法治中国建设等都是党和政府的事业,甚至有学生认为这些都是领导人做的事情,这种观念实质上就是法治意识淡薄的表现。此外,在新媒体网络时代中,大学生由于接触信息的碎片化、娱乐化,特别是有关涉法类事件的各种不负责任的"反转"报道,导致其往往对我国的法治有一种负面的评价。

新时代大学生作为我国未来建设发展的人才储备,其法治观教育关乎我国法治建设的未来。高等学校的培养目标首要的是培养中国特色社会主义事业的建设者和接班人,在高等教育发展到如今这个时代而言,社会的精英和国家的干部几乎或必然学成于高校。所以有学者指出:"虽然今天我们强调领导干部要有法治思维,但今天的学生就可能是明天

的领导干部。"① 大学已经不再只是接受知识或创造知识的地方。今天的大学可以说是青年人进入现代社会生活之前的最后一个"集训营"。

（二）新时代大学生有效获得法治观教育的途径尚不畅通

其实早在 2009 年，中组部、中宣部、中央政法委和教育部就联合发文，明确要求"要积极推动社会主义法治理念教育纳入各级各类高等学校的思想道德及法学教育的教材，明确不同层次的教学要求，培养大批既有深厚研究造诣，又有丰富教学经验的师资力量，真正使社会主义法治理念'进教材、进课堂、进学生头脑'"②。该文还就高校如何开展社会主义法治理念教育提出了具体方案，即"各类高校把社会主义法治理念的本质内涵和基本要求纳入《思想道德修养和法律基础》教材之中；政法院校（系）要开设社会主义法治理念必修课；政法院校以外的高等学校要开设社会主义法治理念选修课"③。

然而，从高校有关社会主义法治观教育教学来看，情况不容乐观。以笔者所在的政法类高校为例，法学专业院系并未开设有关中国特色社会主义法治理念教育的相关必修课或选修课，而在其他专业的课程设置中更是难见有关中国特色社会主义法治观念教育的相关课程。仅在马克思主义学院思想政治教育专业（司法政工方向）中开设了必修课——"社会主义法治理念概论"。实际上，有关中国特色社会主义法治观教育的相关教材也是匮乏的④，概言之，高校法治观教育教材缺失、相关课程设置匮乏以及法治观教育实践活动不足等问题，是新时代大学生有效获得法治观教育的途径不畅的主要原因。

（三）新时代大学生法治观教育模式尚且需要改进

如果说具有针对性的大学生法治观教育的课程、教材的薄弱是客观且

---

① 陈大文、孔鹏皓：《论大学生法治思维的培养》，《思想理论教育导刊》2015 年第 1 期。
② 中共中央政法委员会主编：《社会主义法治理念读本》，中国长安出版社 2009 年版，第 3 页。
③ 中共中央政法委员会主编：《社会主义法治理念读本》，中国长安出版社 2009 年版，第 3 页。
④ 据笔者观察，除了中央政法委主编的《社会主义法治理念读本》以外，有关社会主义法治观教育的著作仅有杨亚佳等：《社会主义法治理念研究》，河北人民出版社 2011 年版；许兵主编：《社会主义法治理念读本》，国家行政学院出版社 2011 年版；渝中：《社会主义法治理念概论》，法律出版社 2012 年版；邢国忠：《社会主义法治理念教育研究》，中国社会科学出版社 2011 年版。实际上，这几本著作对于新时代大学生社会主义法治观教育而言，都不能胜任有效教学的教材而使用。无独有偶，有关中国特色社会主义法治理论的专著仅有王人博主编：《中国特色社会主义法治理论研究》，中国社会科学出版社 2016 年版，但这本著作研究性较强，也难为大学生法治观教育的教材之用。

不是一时能解决的困境的话,那么,作为法治观通识教育的课程"基础课"也不容乐观。众所周知,"基础课"以培育引导大学生思想道德素质和法治素养为目标,是习近平法治思想"三进"的重要载体,是对新时代学生进行有效法治观教育的核心课程。但是,在该课程中所开展的大学生法治观教育仍存在着诸多的问题。

首先,"基础课"法律教学部分教学的认知偏差。主要表现在对该课程中"思想道德修养"与"法律基础"两部分的关系认知误区,无论是教材有关法律部分的内容、体量,还是在现行具体教学设计中弱化的现象,都导致了基础课教学"思想道德修养为主、法律基础为辅"的不均衡格局。在有限的教学时间中,有关法治观教育的部分往往得不到应有的重视,影响了教学的实际效果。此外,授课教师法律知识储备相对薄弱,导致对法律部分教学重视程度不够。

其次,"法律基础"部分法治观教育教学方法落后。"法律基础"部分的教学其宗旨和目标不在于让学生学习多少具体的法律条文,而是让其认识、理解和接受中国特色社会主义法治理论的根本要义。但实际上由于部分教师感觉很多法律上的专业知识,不能在规定的教学课时内比较系统全面地给学生进行讲授。学生则又普遍反映对很多核心概念感到似是而非,不得要领,并且认为实际学习法律和最初对法律的想象之间反差很大,甚至有部分学生对课本中堆积如山的概念心生畏惧,进而出现厌学情绪。由于大学生法治观教学模式的不清,也会导致授课教师往往专注于抽象原则的知识传授。在相对较少课时内一味讲求系统全面,罗列讲解教材中的抽象概念,灌输给学生,且缺乏有效的师生互动,导致学生不得要领及难以消化,影响了法治观教育的实际效果。

三、新时代大学生法治观教育的优化方案

(一)拓展新时代大学生法治观教育的内容体系

厘清社会主义法治观教育的核心内容,以习近平法治思想的理论溯源、思想内涵、主要特征及重大意义等为主线,通过对法律、法治等核心概念的梳理与比较,厘清这些核心概念在习近平法治思想中的具体表达。聚

焦中国特色社会主义法治道路、法治理论及法治体系等相关内容,拓宽新时代大学生法治教育的基础性内容。在有条件的高校院系开设"中国特色社会主义法治理论"的必修或选修课程,培养或培训具有坚定社会主义法治理念的师资力量,编写和使用合理、科学的教材或教辅。此外,在"基础课"中,以现行教材为依托,将习近平法治思想内容贯彻于法律基础部分的教学全过程。

(二)优化新时代大学生法治观教育的方式方法

加强相关师资的法治素养和法律知识技能,改进法治教育的教学方法,提高教育的质量与有效性,优化第一课堂教学体系,发挥其主渠道作用。以教师教学为主导,开发反转课堂,加强教学互动环节的设计,在高校教师进行课堂教学的时候,要实现课堂与社会的衔接,及时倾听大学生对热点涉法新闻或热点涉法政策的看法,做到及时引导,同时将"建设法治中国需要每一个人的参与"的理念传达给课堂上的学生。与此同时,可以邀请公检法等国家机关的一线工作者进高校作课堂演讲,用最真实的案例,让大学生对中国特色社会主义法治理论与实践有更直观的认识。此外,要充分利用网络平台,建立法治观教育微博、微信等新媒体公众号,针对热点法治事件和问题,及时发布法治教育相关信息,实现课堂与社会的衔接。

(三)建构"知—信—行"三位一体的教学体系

习近平法治思想是法学领域内马克思主义中国化的最新成果,也是"基础课""法律基础"教学的精神指南。建构以"法律信仰"为核心的"知—信—行"三位一体的教学模式,即以法律(法治)知识的了解与理性认知为前提,以法律精神、法治理念的信任与信仰为核心,以行使法律权利、践行法律义务为目标的有机统一框架。该教学模式符合新时代大学生法治观教育的基本规律,在现实教学实践中可以较好地提升大学生"基础课"的学习兴趣,也可以得到较好的教学效果。此外,以现行"法律基础"部分的教学内容,制作新的教学方案及教学课件,合理分配教学课时;以微视频的拍摄素材为基础的微课教学模式,重塑"法律基础"部分教学的核心目标与教学体系。

(四)新媒体微课推进习近平法治思想"三进"的策略

微课教学模式是对传统教学模式的一种突破,即将提前准备好的教学视频运用在具体的课堂教学之中,作为主要载体,针对学科知识体系和教学环节做设计和开发,对于现代教学活动具有促进作用。通过新媒体多种技术手段,对所要教学课程中的某个知识点或者一个重要问题,进行内容设计。尤其是在自媒体时代,新时代大学生日趋凸显的个性化需求特点,对传统的教学模式提出了挑战,而微课教学模式则可以较大程度上满足大学生个性化和自主学习的需求。

建设中国特色社会主义法治国家,不仅要切实关注物质层面上的中国特色社会主义法制建设,更要关注精神层面上法治理念、法治精神的塑造与形成。而"基础课"就承担着提升新时代大学生法治素养的重要功能,是培育新时代大学生的法律意识、法治观念、法治精神、法治信仰的重要课程载体。为此,设计"习近平法治思想"微专题系列,可以有效地贯彻落实习近平新时代中国特色社会主义思想"三进"的具体要求。

可针对"基础课"教材第六章的相关内容,设计"习近平法治思想"微专题系列。重点突出习近平总书记有关以宪法为核心的中国特色社会主义法律体系、中国特色社会法治体系、中国特色社会主义法治道路及法治思维等的思想,可以"中国特色社会主义法律体系""中国特色社会法治道路、法治体系""社会主义法治思维"三个专题进行微专题设计。以增强新时代大学生法治思维、法治素养、法治信仰等的教育,进而有效推进习近平新时代中国特色社会主义思想的"三进"实效性。

互联网思维视域下高校思政课教学探索与创新

李先悦

【摘要】 互联网思维是移动互联网+时代独具特色的思维方式,以人为核心,要求实现跨界、融合、共享和协作,这为高校思政工作改革提供新视角。面对当前高校思政课教学困境,将不同形式的互联网思维应用到高校思政教育工作中有利于提升思政教学实效性和思政课程吸引力。在教学理念上,树立用户思维,以学生为本;在课程体系上,树立跨界思维和平台思维,推进课程思政建设;在教学模式和方法上,树立迭代思维,实现"微创新";在教学内容上,树立极致思维和简约思维,增进师生互动和生生互动;利用大数据思维增强思政课教师核心竞争力。

【关键词】 互联网思维;思政课;教学实效性

【作者简介】 李先悦(1990—),哲学博士,上海政法学院讲师。主要研究方向:英国马克思主义、大学生思想政治教育。

互联网技术的迅猛发展,为大学生的学习和生活创造了新平台,随之而兴起的互联网思维也为高校思政工作创新指明了新方向。"00后"大学生已逐渐成为高校学生主体,要有效对网生代进行思政教育,高校思政课教师还需掌握并利用互联网思维创新高校思政课教学工作。

一、何谓互联网思维

伴随 Web 3.0 时代(大互联时代)的到来,互联网已经从"联"转向"互"的发展阶段,从单向互动、双向互动转为多向交互。互联网不只是信息交流和传播的工具与渠道,它逐渐成为后工业社会的主体,体现出互联互通、互动互享的特征,催化思维工具迭代,引发互联网思维范式革命。在移动互联网、云计算和大数据等科技发展的背景下,互联网思维融合新技术,发展"互联网+"新业态,逐渐形成万物融合、共赢互利的共享社会。

当然,不是因为有了互联网才产生了互联网思维,而是互联网的出现和发展,让互联网思维集中爆发。"简单地说,互联网思维就是一种思考方式,是一种基于商业模式的创新思考方式。"①正如马克思所言:"思想、观念、意识的生产最初是直接与人们的物质活动,与人们的物质交往,与现实生活的语言交织在一起的。观念、思维、人们的精神交往在这里还是人们物质关系的直接产物。"②"不是人们的社会意识决定人们的存在,相反,是人们的社会存在决定人们的意识。"③互联网思维是时代的产物。

"互联网不仅是用来提高效率的工具,更是构建未来生产方式和生活方式的基础设施。"④物联网、云计算和大数据催生互联网思维的形成与发展,互联网思维也在指导和约束物联网、云计算和大数据的发展。可从三个等式去看待两者的关系:

互联网思维=互联网文化×思维模式;

互联网文化=精神+价值+技术;

互联网思维=精神思维模式+价值思维模式+技术思维模式。

从精神思维模式看,互联网思维主要是哲学层面的思考方式,要求以

---

① 余乃文等:《互联网思维2.0:物联网、云计算、大数据》,经济管理出版社2017年版,第18—19页。
② 《马克思恩格斯全集(第三卷)》,人民出版社1998年版,第29页。
③ 《马克思恩格斯选集(第二卷)》,人民出版社2012年版,第2—3页。
④ 余乃文等:《互联网思维2.0:物联网、云计算、大数据》,经济管理出版社2017年,第34页。

主体为核心,考虑在主体和客体关系中实现开放、平等、协作和共享,本质上是一种人性的回归。从价值思维模式看,互联网思维主要是商业模式上的思考方式,关注盈利和推动利润最大化,要求重构传统的价值链模型,转型为以用户为圆心的互联网化的价值环模式,在战略层、业务层和组织层等层面,充分发挥并利用用户思维、简约思维、极致思维、迭代思维、大数据思维、平台思维和跨界思维等,围绕终端用户需求和用户体验进行定位设计、经营传播和组织考核等,促成互联网思维＋、互联网渠道＋、互联网平台＋,最终成就整个社会的万物互联＋。从技术思维模式看,互联网思维是新一代智能终端、新一代网络技术和新型服务创新的集聚融合,是立足互联网技术,实现跨界、集成创新的重要入口。

互联网思维作为现代社会的新的思维模式,从精神、价值和技术等层面都包含颠覆和创新等逻辑理念,要求以人为核心实现跨界、融合、共享和协作。这种思维模式已经渗透到社会各个领域和各个行业,对形势严峻的高校思政教育工作而言,也具有重要的启示价值。

二、互联网＋时代高校思政课教学现状

自高校思想政治理论课建设"05方案"实施以来,中央宣传部和教育部对思政课教学改革投入了大量的人力、物力和财力,广大教师围绕教学模式改革不断探索,部分高校思政课教师可以"玩转课堂"以提升思政课教学吸引力。但很多高校思政课教学仍然存在"配方陈旧、工艺粗糙、包装不时尚"等问题,思政课课堂教学的参与度和抬头率仍然较低。面对"00后"大学生群体的个性化和网生代属性,思政课育人模式和教学效果更是受到严重冲击,传统思政课教学面临严峻考验。

(一)教学理念上单向灌输,缺少互动

传统思政课教学大多以填鸭式、灌输式教育为主,常常以教师为中心,由教师主导,师生课堂互动较少,未能真正体现学生的主体地位,很难调动学生学习兴趣和课堂参与热情,很多学生不愿意上思政课,甚至将其视为"水课"或"睡课",导致思政课教学效果很不理想。互联网的发展让社会关

系变得多向互动,"00后"大学生大多比较活跃,充满个性,需要打破由教师主导的独角戏教学理念。在了解大学生的需求后,思政课教师需要有针对性地开展课堂互动环节,凸显学生的课堂主体性,提升自身的人格魅力和学识能力等,增强教学的交互性。互联网推进自媒体的迅猛发展,教师可以利用互联网丰富教学趣味性,增强学生的参与意识。

(二)教学模式上理论说教,脱离实践

传统思政课教学模式主要依托书本和黑板进行理论说教,结合多媒体课件,以讲授为主,其教学活动局限于物理课堂空间,教学辐射性弱,基本没有实践教学和网络教学。但是作为互联网原住民的大学生群体,网络学习是其重要的学习方式,大多数大学生依赖于网络查阅资料和完成作业,他们对思政课实际上有新的需求,期望能打破传统的单一教学模式,让思政课教学模式多元化、现代化和科技化,而互联网教育技术的发展给网络课程教学提供了可能性,譬如当前如火如荼开展的慕课和微课等。

(三)教学方法上单一死板,缺乏激情

高校思政课程(包括"马克思主义哲学基本原理概论""毛泽东思想和中国特色社会主义理论体系概论""中国近代史纲要""思想道德修养和法律基础"和"形势与政策")通常理论比较抽象,内容偏向枯燥,传统教学以大班授课为主,高校思政课教师大多采用操作简单的理论灌输教学法,先对大学生进行社会主义核心价值观体系的外部灌输,逐步内化为德性。但倘若大学生没有认可某一理论,单向灌输,可能会产生逆反心理,降低思政课的接受度,使得课堂教学缺乏生机,师生之间难以真诚交流,更难以实现以情化人。移动互联网的发展可以丰富师生和生生的互动交流,譬如可以在微信群开展主题讨论,也可以让课程作业多媒体化,鼓励学生创作情景剧,拍摄微视频,增加对思政课的兴趣。

(四)教学内容上枯燥乏味,不够精深

信息大爆炸时代,在应试教育和功利主义思潮影响下,大多数学生认为,专业课有用,而思政课"无用",他们思想比较浮躁,急功近利,对思政课提不起兴趣。相对而言,专业课可以提升理论水平,增强实用技能,增加社会生存砝码,而思政课主要是进行思想教育、政治教育和价值观培育等,与

学生的现实生活联系不够紧密。

一方面,传统的思政课教学停留于知识教育的窠臼,教学内容的时效性略显滞后,难以满足学生需求;另一方面,思政课教学在形式上也有点过时,习惯于碎片化和快餐化学习的"00后"大学生,偏爱融合视频、音频和文字于一体的微课,排斥长篇累牍的文本资源,传统教学内容在时效性和形式上都很难吸引学生的眼球。但是互联网的发展可以丰富多媒体教学课件的内容,通过影、音、像等多种形式,将理论与最新时政热点结合起来,融合历史与文化,为增强思政课教学实效性提供助力。

(五)教师队伍上创新意识不强,有待提升理论说服力

当前,高校重科研轻教学倾向比较明显,受教学考核机制影响,很多高校思政课教师不愿意投入大量精力创新思政教学工作。另外,高校思政课理论性较强,内容更新滞后,有的教师偏向照本宣科去完成教学工作,不太重视教学实效性,课堂教学与时政热点联系不紧密,没有与时俱进,导致思政课枯燥乏味,学生的接受度比较低。

另外,互联网+时代,各种文化思潮交融碰撞,网络言论和思潮良莠不齐,冲击着大学生原有的价值观,不利于主流意识形态教育。就大学生群体的心理特点而言,他们的价值观和政治立场尚不成熟,容易受错误思潮影响。微信、微博等自媒体给大众提供了发表言论的平台,但一些造谣者、煽动者和炒作者等为了吸引眼球和增加点击率,肆意丑化和恶搞历史人物及民族英雄等,历史虚无主义思潮泛滥,高校思政课的课堂教学出现了窘境。一方面,高校思政课教师试图对学生进行价值观教育和主流意识形态引导;另一方面,大学生群体深处网络舆论旋涡中,容易被碎片化和浅层次信息误导,在不辨信息来源真假的前提下,断章取义,有的甚至人云亦云跟风、质疑主流意识形态的合法性及权威性,这让思政课教学环境变得非常复杂。

此外,网络增强了学生自主选择信息的能力,接触了庞大的信息后,学生会反思教材内容,认为马克思主义理论已经过时,甚至出现抵触心理,削弱了课堂教学的吸引力。倘若高校思政课教师不提高驾驭自媒体的能力,增强政治理论知识讲授的逻辑性,就很难以理服人。

三、推进互联网思维与高校思政课教学融合创新

新时代背景下,习近平总书记对高校思政教育工作提出了更高要求,尤其是要提高学生的抬头率和参与度。"要用好课堂教学这个主渠道,思政课要坚持在改进中加强,提升教育亲和力和针对性,满足学生成长发展需求和期待。"①高校思政课教学要发挥思政教育的主渠道作用,创新思政理论课教学已经迫在眉睫。要推动习近平新时代中国特色社会主义思想进教材、进课堂、进头脑的"三进",真正让思政课走近学生、触及灵魂,高校思政课必须改革。面对当前高校思政课教学的困境,需要在互联网+时代突破传统教学的弊端,创新思政课教学。

那么互联网与高校思政教育是否有关联呢?"00后"大学生都是互联网原住民,是重要的受众,移动互联网的快速发展,更是让互联网成为大学生生活和学习的重要载体。高校思政教育面向大学生群体,为他们服务,对他们进行思想政治教育和价值观培育。

(一)树立用户思维,转变教学理念

互联网思维的核心是用户思维,要求在定位、设计、传播和经营等环节体现用户至上精神。这就意味着高校思政课教学要打破独角戏的教学理念,唤醒学生的主体意识,在教学各个环节都应以学生为中心,深度挖掘并尽力满足"00后"大学生的课程需求,实现教学效果的最大化。

站在用户思维视角,一是思政内容在教学内容方面要贴近大学生的生活,善于从他们的关注点出发,譬如结合恋爱、考研、英语学习、出国留学、求职面试等探讨抽象理论。二是要提升用户的参与度,要改善互动性弱的问题,需要在了解"00后"大学生群体的性格特征基础上,有针对性地设计教学参与环节。实际上,兴趣是第一位的,倘若激发了他们的兴趣点,参与度必然会提高。可以设置五分钟演讲环节,让学生结合自身兴趣进行演讲,同时有学生点评和老师打分环节(计入平时成绩中),增强学生的课堂

---

① 《习近平在全国高校思想政治工作会议上强调 把思想政治工作贯穿教育教学全过程 开创我国高等教育事业发展新局面》,《人民日报》,2016年12月9日。

互动性。三是用户体验至上原则,互联网思维要求产品设计要尽力让用户尖叫,能带来惊喜。因此思政课教学可以采用苏格拉底式提问法,设置一些脑洞大开的问题,引发学生头脑风暴。譬如可以设置一些核心范畴的词源学解读,如可以提问"革命"和"乌托邦"等概念的来源,引发学生批判性思考,打破惯性理解。

(二) 树立跨界思维和平台思维,推进课程思政建设

移动互联网技术的发展让互联网日趋产业化,产业日渐互联网化,产业之间的界限愈加模糊,催生出一系列互联网+新业态。互联网思维的重要表现形式就是跨界思维,这启示高校思政教育不能仅仅停留于专业思政课教师的教学中,其他学科教师也应将思政教育融入专业知识讲授,实现思政课程向课程思政转型。目前,上海高校的课程思政建设已经取得长足发展,推出了一系列"中国系列"课程,如复旦大学推出了"治国理政"、华东政法大学推出了"法治中国",上海政法学院推出了"大国安全"等课程,邀请校外专家和学校领导共同进行专题讲授,在课程建设方面推进思政教育的全面化、立体化。由于思政课程面向不同专业学生,因此,在教学案例设计模块可以结合学生的院系专业选用不同的案例,譬如针对法学专业学生,可以从经典的法案展开伦理讨论,针对经济学专业学生,可以结合华为、京东和苹果等互联网企业发展史展开经济改革讨论等,让思政课程与专业课程挂钩起来,增强思政教育的实效性。

平台思维是互联网思维的重要表现形式之一,它以共建、共享、共赢和开放平等为理念,其精髓就是要打造主体多元化的互利共赢生态圈,包含新媒体平台、大数据平台及人才交流平台。对于课程思政建设而言,需要搭建教师交流平台,让不同地区和不同高校的思政课教师能借助平台分享比较有创意的教学模式和教学方法等。譬如 2018 年 6 月,上海市教委推出的"行走的课堂"系列活动,不仅有助于上海高校思政课教师丰富教案设计,而且还为各高校教师提供了交流平台,学习借鉴他人成功的教学方式,共享优秀教学资源。

当然,在互联网时代,思政课要提升教学质量,新媒体也具有重要的辅助作用。可以鼓励马克思主义学院组建团队开通富有专业特色的微信公

众号,拓宽思政课教学载体,利用网民受欢迎的方式分享专业知识,将课堂延伸到日常生活中。譬如2017年11月10日起,中共上海市委党校利用自媒体平台创新宣讲形式,联合阿基米德FM、SMG东方广播中心和人民网上海频道等推出的"给90后讲讲马克思"音频党课迅速成为"网红","圈粉"年轻群体,后来又结合音频出版了《马克思的20个瞬间》一书,并成为党建读物畅销书,引发了学习马克思主义的热潮。实际上,当前思政课教学实效性的提高,需要依托互联网和自媒体平台,创新传播路径,用大学生喜闻乐见的方式进行社会主义核心价值观教育。

(三)树立极致思维和简约思维,在教学内容上给学生"冲击力"

互联网思维中体现出来的极致思维要求思政课要学会区分"用户",针对不同学生群体的需求设计教学内容,注意教学内容分众化,从大水漫灌转为精准滴灌,用学生喜闻乐见的方式进行课堂教学,譬如部分学生有考研、考公务员和事业单位的意向,那么思政课可以结合历年的真题进行理论讲授和随堂测试,分析出题方式和答题思路,让"产品"(课件)做到极致,超越"用户"(目标学生)的想象。

简约思维主要是指在互联网时代,如何增强用户关注度,吸引用户注意力。这就要求产品必须专注和精准。那么思政课教学在课程设计中就要敢于创新,不要一味顾及大而全,面面俱到。可以采取专题式教学,集中于某几个主题,结合学生的兴趣点和社会的热点问题去探讨,让教学内容更加生活化、故事化和多样化。譬如在讲授习近平新时代中国特色社会主义思想时,可以专门开设改革开放与中国特色社会主义市场经济的确立和发展、中西方文化比较与社会主义核心价值观体系建设、高铁外交等专题,增强课程的趣味性。

(四)树立迭代思维,实现教学方法和教学模式"微创新"

迭代思维体现在两个方面:一是"微",从小处着眼,进行微创新;二是"渐",要实时把握用户的细微需求,循序渐进。这就要求思政课教学应学会与新媒体技术融合起来,催生学生学习方法和教师教育方式的转变。譬如南京大学部分教师通过微信公众号点名,在课程指定时间让学生通过公众号答题,也作为点名依据,这种微创新方式节约点名时间,也让学生感觉新奇好玩,有利于提升课堂参与性。充分利用新技术,改革传统思政课教学模式,推进课堂微创新。实际上,"00后"大学生的互联网思维习惯和行为方式也要求高校教师重视新媒体技术的运用,形成师生共鸣,调动思政课教师的积极性、主动性和创造性。

高校课堂不仅仅是实体教学空间,还可以以新媒体为载体,拓展为网络虚拟空间。这就要求思政课教师要用互联网思维重构传统的思政课堂,打造新思政课堂。教师可以充分吸收移动互联网技术,开展互动式的智慧教学模式,让学生共同参与点面结合的互动教学,既适应了当代大学生的思维方式,也提升了思政课的获得感。还可以基于慕课技术开展混合式教学,将课堂教学、实践教学和网络教学三者统一起来,利用手机上网开展互动教学,实现精准教学和互动教学。

(五)树立大数据思维,推动教师核心竞争力提升

大数据的价值不在于大,而在于挖掘和预测能力,提升用户的满意度,大数据思维的核心是理解数据的价值,真正体现互联网时代以人为本的原则,从个性化转向人性化服务。近年来兴起的智能网络学习平台,如网易公开课等,可以提供行为评价和诱导,总结出不同人对不同知识的反应,哪些知识点需要强调和重复,哪些陈述方式或学习工具更有效。通过收集数据,分析总结这种秩序和规律,对学习者进行提示、诱导和评价,弥补面对面交流指导的不足,更好地因材施教。

学校可以搜集网上答疑平台中的热点问题,分析学生各门思政课的成绩和出勤率等,有针对性地改善教学质量。思政课教师也可以搜集分析学生的课堂反应和关注热点,加以数字化研究,推进教师个人创新,增强教师人格魅力。通过建立数据库,分析学生关注的重点难点和对思政课的需求,实时把握学生的思想动态,有机结合课前精心设计和课后数据分析,以问题为导向开展互动教学,可以提升大学生对思政课的喜爱程度。

四、结语

基于"00后"大学生群体的网络原住民身份,互联网思维作为新时代的重要思维方式,融入高校思政课教学具有必要性和可行性。本文着力探讨了如何利用互联网思维突破当前高校思政课教学困境,从教学理念、教学模式、教学内容与方法等入手,增强思政课教学的针对性、有效性、时代性和保障性等,进而让大学生提升思政课的获得感。探索思政课教学创新,在拥抱新技术,迎接新时代时,要抓住思政课的内核,不能一味去迎合学生需求,片面强调教学形式与方法的新颖性和时髦感。因此,在引入互联网+思维,创新思政课教学时,需要处理好两个"变"与"不变"的关系。一是关于内容与形式,思政课教学形式会发生变化,但内容高于形式的关系不能变,不能将教学内容碎片化和娱乐化。高校思政课最主要的任务是培养大学生的马克思主义理论观,引导大学生树立社会主义理想和坚定共产主义信念。二是关于教学手段和教学立场,为了适应互联网时代发展,教学手段可以变,但教学的根本政治立场不能变。教师在指导思想和教学目标上,要紧紧围绕马克思主义安排教学活动,做好舆论引导,不可偏离、否定和诋毁马克思主义,歪曲党的政策、言论和思想等。思政课教师应坚持正确的政治方向,有扎实的马克思主义理论基础,在事关政治原则、政治立场和政治方向的问题上与党中央保持一致。因此思政课教师在教学过程中不仅要以马克思主义为指导,还需要批判错误价值观,引导大学生增强明辨是非和自觉抵制错误思潮的能力。

后　记

　　中国特色社会主义建设的理论探索是新时代的重大课题,本书选取两个观察点进行理论透视,形成上、下两个篇章。具体来说,上篇主要围绕习近平新时代中国特色社会主义思想的重要内容进行研究,重点关注"以人民为中心"的价值导向、生态安全观、时代新人观、农民主体性、文化自信、党内学习制度、经济全球化等主题。下篇主要讨论新时代重大的政治经济文化问题,聚焦于意识形态安全、生态文明、消费主义思潮、思政课教学、人类命运共同体思想等。虽然本论集无法涵盖中国特色社会主义建设的全部内容,但是滴水映日,我们期待通过本论文集的出版,能为坚定中国特色社会主义道路自信、理论自信、制度自信、文化自信提供力所能及的支持。

　　本论文集收录了上海政法学院马克思主义学院师生的理论研究成果,尽管研究生的有些观点还显得稚嫩,论证还不够严密,但这是他们真正独立思考和努力探索的开始,希望这些处女作成为他们学术启航的基石。不妥之处敬请专家学者批评指正。

徐世甫

2020 年 11 月